100 TEXTOS DE HISTÓRIA ANTIGA

Proibida a reprodução total ou parcial em qualquer mídia
sem a autorização escrita da editora.
Os infratores estão sujeitos às penas da lei.

A Editora não é responsável pelo conteúdo deste livro.
O Autor conhece os fatos narrados, pelos quais é responsável,
assim como se responsabiliza pelos juízos emitidos.

Consulte nosso catálogo completo e últimos lançamentos em **www.editoracontexto.com.br**.

100 TEXTOS DE HISTÓRIA ANTIGA

Jaime Pinsky

editora**contexto**

Copyright © 1988 Jaime Pinsky

Todos os direitos desta edição reservados à
Editora Contexto (Editora Pinsky Ltda.)

Montagem de capa
Gustavo S. Vilas Boas a partir da capa original de Luis Diaz

Diagramação
Texto & Arte

Dados Internacionais de Catalogação na Publicação (CIP)

100 textos de história antiga /
Seleção, organização e introdução de Jaime Pinsky. –
11. ed., 1ª reimpressão. – São Paulo : Contexto, 2022.

Bibliografia
ISBN 978-65-5541-141-6

1. Civilização antiga. 2. História antiga.
I. Pinsky, Jaime, 1939. II. Série

88-1462   CDD-930

Angélica Ilacqua CRB-8/7057

Índices para catálogo sistemático:
1. Antiguidade: História 930
2. História antiga 930
3. Mundo antigo: história 930

2022

EDITORA CONTEXTO
Rua Dr. José Elias, 520 – Alto da Lapa
05083-030 – São Paulo – SP
PABX: (11) 3832 5838
contexto@editoracontexto.com.br
www.editoracontexto.com.br

Para Abrahão e Luiza,
meus pais

Sumário

INTRODUÇÃO 5

1. ESCRAVISMO E JUSTIÇA SOCIAL 11

    Escravidão no Código de Hamurábi   11
    Escravidão entre os hebreus   12
    A escravidão, segundo Aristóteles   13
    Espártaco e a revolta dos escravos   15
    Como tratar o escravo em Roma   16
    A respeito de escravos   17
    Justiça social: Hamurábi   17
    Justiça social: os profetas   18
    Grécia arcaica: justiça social   20
    Igualdade social na Atenas Clássica   21
    Tibério Graco: justiça social em Roma   22

2. GUERRAS DE CONQUISTA 23

    Ocupação da Cananeia pelos hebreus   23
    Campanha de Seti I no norte da Palestina   24
    Assurnasírpal II (883-859): expedição ao Líbano   25
    Senaqueribe: O cerco de Jerusalém   26
    Senaqueribe invade Judá   28
    Batalha de Lade: tomada de Mileto pelos persas   29
    A Batalha de Issos   33
    Alexandre explica a seu exército as razões
        da tomada de Tiro   33
    Aspectos do cerco de Tiro   34
    A batalha de Mantineia   37
    A batalha de Metauro   39
    A guerra das Gálias   42

3. MITOS, HINOS E CULTO.............................45

O dilúvio sumério 45
A arca de Noé 47
O nascimento de Sargão 51
O nascimento de Moisés 52
O aparecimento dos deuses gregos 53
Rômulo e Remo 54
Hino a Ishtar 55
Salmo 126 57
Hino a Aton 58
Visão de Ísis 61
O culto mosaico 62
Um sacrifício nos tempos homéricos 64
Decreto criando as Pequenas Panateneias 64
O culto romano ironizado 65

4. ESCOLHA DE GOVERNANTE.....................69

O povo pede um rei: Saul 69
As eleições em Esparta 70
Atenas: a ascensão de Pisístrato 71
Numa Pompílio, rei 74
O primeiro triunvirato 75
Escolha de governante entre os germanos 76

5. MUDANÇAS POLÍTICAS 79

Pisístrato e Sólon 79
A reforma de Drácon 80
A reforma de Sólon 81
As reformas de Clístenes 81
Caio Graco e os Cavaleiros 83
As reformas de Sila 84
As reformas de César 86

6. SISTEMAS E ÓRGÃOS POLÍTICOS 89

A democracia ateniense 89
A República Romana 92
A democracia grega vista por Péricles 96
O Império Romano 98
O Conselho e a Assembleia 100
Os limites de poder da Bulé 101
A degradação da vida política no séc. IV 102
Decreto contra as tentativas
    de instalação da tirania 103
A monarquia romana 104
Aspiração à liberdade: o cão e o lobo 105

7. A EDUCAÇÃO, A FAMÍLIA, A MULHER 107

O divórcio no código de Hamurábi 107
O divórcio entre os hebreus 108
O adultério no Código de Hamurábi 109
O adultério entre os hebreus 110
A educação espartana 110
A hierarquia familiar em Atenas 113
A roupa das mulheres de Atenas 114
O papel da mulher romana 115
A complacência do romano
    com relação à mulher 115
A educação liberal romana 116
A vida marital dos bárbaros 117

8. AGRUPAMENTOS HUMANOS 119

A vida comunitária: base econômica 119
O Mundo Antigo 120
A cidade ideal, segundo Aristóteles 121
Jerusalém para os judeus na Babilônia 123

O porto do Pireu   124
A fundação de Alexandria   125
A fundação de Marselha   126
A fundação de Roma: Eutrópio   126
A fundação de Roma: Tito Lívio   127
A Gália   130

9. PERFIS 131

Teseu   131
Temístocles   132
Alcibíades   133
Filipe   134
Catão, o Antigo   135
Catilina   135
Calígula   136

10. A PROPRIEDADE 139

A propriedade divina da terra   139
A propriedade privada da terra   141
Atentados contra a propriedade,
entre os hebreus   142
Atentados contra a propriedade
na legislação de Hamurábi   143

11. HISTORIOGRAFIA 145

Tucídides explica sua abordagem   145
Aristóteles: História e Poesia   146
Políbio: o método histórico   147
Políbio: a causalidade na História   148
Plutarco: a maldade na História   149
Deodoro da Sicília: a utilidade da História   151
Estrabão: História e Geografia   151
Josefo: as razões do historiador   152

Introdução

Em janeiro de 2022, a primeira edição deste livro completa 50 anos. Embora a editora que o publicou inicialmente não exista mais, o livro continua existindo. As edições seguintes foram publicadas pela Editora Global, em uma coleção chamada "Bases". Bases do pensamento socialista, segundo o editor. Eram títulos de autoria de Marx, Engels, Lenin, Trotsky, Kautsky e tantos outros. Um Pinsky parecia casar perfeitamente com os demais, ou pelo menos rimar com os outros autores... Finalmente, na Editora Contexto desde 1988, estes *100 textos de História Antiga* integram a coleção "Textos e documentos". E é pela Contexto que o livro tem saído, em sucessivas reimpressões.

Durante este meio século, em nenhum momento o livro ficou fora de circulação. Continua a ser utilizado em cursos de História Antiga, na universidade e no ensino médio. Circula também entre professores e alunos de Ciências Sociais, de Direito e mesmo de Línguas Clássicas. Continua a ser lido e citado como obra de referência, estudo e cultura geral. Não só essa longevidade é incomum. Também não é frequente o fato de o próprio autor, em plena atividade intelectual e editorial, constatar a longa vida de sua obra e registrá-la em uma edição especial comemorativa, meio século após a primeira.

INTRODUÇÃO

Esta edição terá apenas mil exemplares. Capa nova, introdução nova, papel especial. Afinal, comemorar o aniversário de 50 anos de um livro vivo, ainda útil, procurado e lido, não é algo que acontece todos os dias...

Quando este livro foi concebido, no início dos anos 1970, eu trabalhava na Faculdade de Filosofia de Assis, hoje pertencente à Unesp. É importante reconhecer que a obra não teria sido viável se não houvesse lá, à época, um ambiente acadêmico de estudo, assim como um grau de liberdade e de responsabilidade intelectuais pouco comuns entre nós, no Brasil. Trabalhávamos em condições muito boas, o salário era compatível, tínhamos uma boa biblioteca e verba para a compra de livros. A pesquisa era estimulada. O espaço de trabalho era favorável ao contato interdisciplinar, até porque era constante a presença dos professores no campus universitário. Assim, desenvolvíamos interesse nos trabalhos de colegas, mesmo de professores com os quais não tínhamos tanta relação pessoal. Éramos respeitados por alunos e considerados pelos moradores da cidade.

Quando me dei conta da necessidade de produzir este livro, contei com o apoio de um grupo de professores e alunos, tanto em trabalhos técnicos, quanto em decisões sobre a grafia de nomes e conceitos, particularmente da língua grega, com a qual eu tinha menos familiaridade. Mas, mesmo quando se tratava do latim e do hebraico (línguas das quais eu era mais próximo), considerei prudente cotejar meu entendimento com especialistas que davam aula na mesma faculdade. E eles, que cito nominalmente adiante, nunca me negaram sua colaboração.

A ideia de fazer estes *100 textos de História Antiga* surgiu para atender professores que constatavam a importância de se trabalhar com transcrições de documentos históricos para a pesquisa e o ensino sobre a Antiguidade. No entanto, muitas vezes esses professores se deparavam com um problema prosaico, porém concreto: a quase inexistência de textos em suas bibliotecas e/ou – problema lamentável, porém real – a dificuldade de os

INTRODUÇÃO 7

alunos lerem esses textos nas línguas originais ou em traduções para o francês ou o inglês. Depois do surgimento do livro com nada menos de 100 textos à disposição, o ensino de História Antiga em nosso país pôde subir de patamar.

De resto, basta ler o sumário para verificar que não organizei os textos por "povos" ou "nações", por "época" ou suposta importância, mas por assunto. Entendi que, dessa maneira, o professor poderia mostrar aos alunos certos movimentos e fenômenos constantes que ocorriam na Antiguidade – destacando as "repetições", as peculiaridades, o movimento executado pelos personagens históricos em sociedades concretas. A colocação de certos textos no livro não é simples coincidência: por exemplo, ao lado da legislação de Hamurábi a respeito de "escravismo", transcrevi as leis hebraicas (que estão em qualquer Bíblia, supostamente mais à mão do leitor do que o Código de Hamurábi), o pensamento de Aristóteles a respeito do assunto, assim como uma narrativa de Floro sobre a revolta de Espártaco.

Leitores fazem leituras diferentes de textos semelhantes. Isso tem a ver com o universo cultural de cada um. O importante é que os textos se constituem em interessante material de trabalho, preferencialmente sob a orientação do professor, em ponto de partida para a compreensão de processos históricos como a existência da escravidão antiga, o papel das mulheres, o uso da religião como coadjuvante do poder político etc. Sob o tópico "Mitos, hinos e culto" vamos encontrar, lado a lado, lendas evidentemente relacionadas, como o mito do dilúvio sumério e o da arca de Noé. Mesmo quem já tenha lido a respeito da ligação entre os dois mitos, pode aqui confrontar os textos, o que dará mais força à sua compreensão.

Inúmeras são as possibilidades de uma classe em trabalhos com estes textos: eles podem ser utilizados como material principal ou ilustrativo no estudo de um determinado assunto. O aluno será capaz de verificar, lado a lado, a preocupação social

8   INTRODUÇÃO

de um Amós e de um Hesíodo; poderá ver como Tibério Graco encarava as guerras romanas de conquista (o atualíssimo texto 11); poderá analisar as concepções de Aristóteles e Tucídides a respeito de História e Poesia (textos 93 e 94); verá Roma "nascendo" pela pena de Tito Lívio; os deuses gregos surgindo do nada (o belo texto 28); descrições de batalhas e até uma lenda – também atual – de Fedro, a respeito da liberdade (texto 60).

Tive grande preocupação em mostrar os mecanismos políticos, tanto por meio da descrição do seu funcionamento, como pelas *"mudanças políticas"* e da *"escolha de governantes"*. Só esses pequenos textos, num total de mais de duas dezenas, podem, em si, constituir-se em material para um curso. Assim ocorre com todos os demais tópicos, inclusive o último, *"Historiografia"*, onde podemos ver a posição de vários historiadores antigos com relação à História, o que permite um eventual trabalho conjunto com outras disciplinas dos cursos de História.

Não pretendi, com estes textos, substituir a utilização dos originais. Pelo contrário, tomara que os que estão neste livro sirvam como aperitivo para abrir o apetite dos nossos alunos e estudiosos. Tenho plena consciência de que se trata de traduções e, por vezes, de excertos de documentos maiores. Dos cem textos que aqui aparecem, à exceção do salmo 137, que é uma tradução clássica de Machado de Assis, todos os demais foram vertidos pela nossa equipe. Sempre que possível fizemos traduções do original, quando não, procuramos as versões mais consagradas e fidedignas, como as de *Loeb Classical Library*, da *Belles Lettres* e da *Princeton University Press*, por exemplo. Para a tradução de nomes próprios, adotamos a seguinte sistemática: aportuguesar os pouco conhecidos e utilizar os consagrados pelo uso, tal qual se convencionou. (Uma nota: eu não imaginava, mas várias das opções de grafia adotadas no livro acabariam consagradas pelo uso nas salas de aula brasileiras.) Evitei, ao máximo, notas de rodapé, já que considerei fazer parte do próprio trabalho do leitor "limpar" e "enriquecer" os textos. Um dos objetivos do livro foi manter os

INTRODUÇÃO 9

textos dentro da sua forma e espírito, à exceção de certos poemas, para os quais foi dada solução especial. É o caso, por exemplo, do salmo 126, em tradução direta do hebraico, do 137, já citado, ou ainda do Hino a Aton. De qualquer forma, "*traduttore, traditore*", e sempre estive consciente da existência de interpretações e subjetivismos a cada página.

Uma última observação: pensei, inicialmente, em fazer pequenas introduções, a cada tópico; cheguei mesmo a elaborar algumas delas. Vários colegas, entretanto, me dissuadiram, argumentando que a divisão do livro segue um critério evidente por si mesmo, embora aberto, e seria limitativo ou redundante, orientar o uso dos textos. Concordei com eles.

Ao longo dos anos de existência do livro, foi e continua a ser uma satisfação dialogar com os colegas que muito me honraram narrando suas experiências com a utilização da obra, assim como sugerindo alterações, fazendo comentários e tecendo elogios. Também me deram especial satisfação relatos de pessoas que disseram ter tido seu interesse em História despertado, ou reforçado, pela leitura do livro. Receber comentários de colegas, de alunos e de gente que, simplesmente, tem paixão pela História, seja de grandes centros, seja de pequenas cidades espalhadas pelo Brasil, é um privilégio. Assim, estes textos acabaram permitindo que eu abrisse mais uma janela para dialogar sobre um dos meus temas prediletos: a importância e o significado da História. Afinal, a luta pela História continua.

***

Agradeço àqueles sem cuja colaboração este livro não existiria: primeiramente à nossa equipe, composta por Ana Blandina Salvador, Anne Arnichand, Elisabete David, Enio Aloísio Fonda, Jeniffer Golop, Micaela Krumholz e Mirna S. Gleich, que desempenhou importantes tarefas em trabalhos de tradução, revisão e assessoria. Depois a várias bibliotecas públicas e particulares, especialmente aos responsáveis pelas bibliotecas da Faculdade de Filosofia, Ciências e Letras de Assis e do Departamento de História da Faculdade de Filosofia, Letras e Ciências Humanas da Universidade de São Paulo, que foram bastante compreensivos com relação a empréstimos de livros sob sua responsabilidade. Um agradecimento especial deve ser endereçado ao antigo catedrático de História Antiga da USP, professor Eurípedes Simões de Paula, por seu permanente estímulo e apoio.

Agradeço também aos professores e jornalistas que comentaram este livro, assim que ele saiu. Excertos de suas observações estão nesta edição da obra.

Finalmente, ao pessoal que me estimulou para que, em plena pandemia, eu me sentasse para organizar esta edição do livro, assim como aqueles que colaboraram para que ela saísse com muito capricho. Estou falando de Luciana, Daniel, Carla, Gustavo, Mirelle e Lilian, principalmente.

É claro, contudo, que não estou dividindo responsabilidades. Compartilho apenas os eventuais méritos.

***

O sucesso da edição comemorativa de 50 anos da publicação destes 100 textos e a solicitação de numerosos leitores nos levaram a reeditar, novamente, a obra neste formato. Agradecemos aos estudantes e estudiosos, alunos e professores de diferentes áreas do conhecimento que enviaram mensagens de apoio e incentivo.

Escravismo e Justiça Social

1. *Escravidão no Código de Hamurábi*

S E UM HOMEM COMPROU UM ESCRAVO OU ESCRAVA E (SE)
este não tiver cumprido seu mês (de serviço) e (se) uma
moléstia (dos membros) se apossou dele,
ele retornará a seu vendedor e o comprador tomará o dinheiro que despendeu

Se um homem comprou um escravo ou uma escrava e (se)
surgir uma reclamação,
seu vendedor satisfará a reclamação.[1]

Se um homem, num país inimigo, comprou um escravo ou
uma escrava de um homem,

assim que for ao centro do país e (assim) que o senhor do
escravo homem ou da escrava mulher reconhecer seu escravo homem ou sua escrava mulher,

Se o escravo homem ou a escrava mulher são filhos do país,
eles serão postos em liberdade sem dinheiro (lhes será
[concedida a liberdade)

Se são filhos de um outro país,
o comprador declarará diante de Deus o dinheiro despendido,
e o senhor do escravo homem ou da escrava mulher dará

---

1. A lei não distingue entre reclamações fundamentadas ou arbitrárias, supondo-se que o vendedor tivesse que a aceitar qualquer uma.

12 ESCRAVISMO E JUSTIÇA SOCIAL

ao damqarum[2] o dinheiro que este despendeu e este tornará a comprar seu escravo homem ou mulher.

Se um escravo diz a seu senhor: "Tu não és meu senhor", seu senhor o convencerá de ser seu escravo e lhe cortará a orelha.

Código de HAMURÁBI, § 278/282

2. Escravidão entre os hebreus

COM RESPEITO AOS ESCRAVOS, SERÃO ESTES OS ESTATUTOS: O escravo hebreu deve servir seis anos, ao término dos quais será liberto.

Se era solteiro, ao ser adquirido, sairá sozinho. Se era casado, sua mulher sairá com ele.

No caso de ter casado após a compra e a mulher ter dado à luz filhos e filhas, tanto a mulher quanto os filhos pertencerão ao senhor e o escravo sairá sozinho.

No entanto, se o escravo declarar que não quer abandonar seu patrão, sua mulher e seus filhos, o caso irá aos juízes e posteriormente o senhor furará a orelha do escravo para que fique identificado como seu servidor eterno.

No caso de um homem vender sua filha como escrava, ela não será tratada como se trata os varões.

Se ela não agradar ao senhor que lhe havia prometido casamento, este deverá permitir seu resgate. De forma alguma poderá revendê-la a povo estranho, considerando-se tal atitude uma deslealdade para com a moça.

No caso de casá-la com seu filho, dispensar-lhe-á tratamento de filha. E se, além dela, outra mulher for dada a seu filho, a primeira não deverá ser prejudicada nem na alimentação, nem na roupa, nem em seus direitos conjugais.

Caso os três itens sejam transgredidos, a mulher poderá sair sem retribuição, nem pagamento em dinheiro.

Se algum escravo ou escrava forem castigados com uma vara e morrerem no ato do castigo, o patrão será punido. No caso, porém, de o escravo sobreviver por um ou dois dias, o patrão não será alvo de punição, porque tem esse direito.

---

2. Espécie de banqueiro e negociante.

ESCRAVISMO E JUSTIÇA SOCIAL   13

O escravo poderá alcançar sua liberdade, caso o patrão, castigando-o, inutilize seu olho ou lhe arranque um dente. Se empobrecido, teu irmão tentar se vender a ti, não o faças servir, como escravo. Terá as funções de jornaleiro e peregrino, servindo o irmão rico até o ano do jubileu. Então juntamente com a mulher e os filhos, abandonará a casa do irmão e voltará às propriedades de seus pais. Porque meus servos que tirei do Egito não serão vendidos como escravos. Não deverão ser tratados com tirania. Teme porém a teu Deus. Os escravos e escravas provirão das outras nações ou serão comprados dos filhos dos forasteiros que peregrinam em sua terra. Eles passarão como herança para teus filhos, servindo tua família perpetuamente. Mas sobre os filhos de Israel não deve pesar a escravidão.

Quando o estrangeiro ou peregrino que vive contigo enriquecer, e teu irmão, empobrecido, tentar se vender a ele, ou alguém de sua família, tu ou outro irmão teu ou tio ou primo deverá resgatá-lo. A menos que ele o faça sozinho.

Para tanto, acertará contas desde o ano em que se vendeu até o ano do jubileu. O preço da venda se baseará no número de anos: como se faz com um jornaleiro.

Se, no entanto, faltarem muitos anos, fará uma devolução proporcional ao dinheiro pelo qual foi comprado.

ÊXODO 21, 1-11
20-21
26-27
LEVÍTICO 25, 39-52

3.   *A escravidão, segundo Aristóteles*

A PROPRIEDADE É UMA PARTE DA CASA E A ARTE AQUISITIVA uma parte da administração doméstica, já que sem as coisas necessárias são impossíveis a vida e o bem-estar; na administração doméstica assim como nas artes determinadas, é necessário dispor dos instrumentos adequados se

14 ESCRAVISMO E JUSTIÇA SOCIAL

se deseja levar a cabo sua obra. Os instrumentos podem ser animados ou inanimados, por exemplo o timão do piloto é inanimado, o vigia animado (pois o subordinado faz as vezes de instrumento nas artes). Assim também os bens que se possui são um instrumento para a vida, a propriedade em geral uma multidão de instrumento, o escravo um bem animado e algo assim como um instrumento prévio aos outros instrumentos. Se todos os instrumentos pudessem cumprir seu dever obedecendo às ordens de outro ou antecipando-se a elas, como contam das estátuas de Dédalo ou dos tridentes de Hefesto, dos que diz o poeta que entravam por si só na assembleia dos deuses,[1] se as lançadeiras tecessem sós e os plectros tocassem sozinhos a cítara, os maestros não necessitariam de ajuda e nem de escravos os amos.

O que é chamado habitualmente de instrumento, o é de produção, enquanto que os bens são instrumentos de ação; a lançadeira produz algo à parte de seu funcionamento enquanto que a roupa ou o leito produzem apenas seu uso. Além disso como a produção e a ação diferem essencialmente e ambas necessitam de instrumentos, estes apresentam necessariamente as mesmas diferenças. A vida é ação, não produção, e por isso o escravo é um subordinado para a ação. Do termo *propriedade* pode-se falar no mesmo sentido que se fala de *parte*: a parte não somente é parte de outra coisa, senão que pertence totalmente a esta, assim como a propriedade. Por isso o amo não é do escravo outra coisa que amo, porém, não lhe pertence, enquanto que o escravo não só é escravo do amo, como lhe pertence por completo. Daqui deduz-se claramente qual é a natureza e a função do escravo: *aquele que por natureza, não pertence a si mesmo, senão a outro, sendo homem, esse é naturalmente escravo; é coisa de outro, aquele homem que, a despeito da sua condição de homem, é uma propriedade e uma propriedade sendo, de outra, apenas instrumento de ação, bem distinta do proprietário.*

ARISTÓTELES, Política, Livro I, 4, 1253b 25 ss.

---

1. A referência é a Homero, Ilíada, XVIII, 376.

ESCRAVISMO E JUSTIÇA SOCIAL 15

4. *Espártaco e a revolta dos escravos*

TOLERE CONTUDO A DESONRA DAS REVOLTAS DOS ESCRAVOS; embora o Destino os faça de joguete, *trata-se afinal de uma espécie de homens de segunda categoria, dos quais podemos dispor por causa de nossa liberdade*. No entanto, como chamar a guerra que Espártaco iniciou e conduziu? Escravos soldados sob generais gladiadores, os mais vis comandados pelos piores, se constituiu no escárnio aliado à calamidade. Espártaco, Crixo, Enomau, destruíram as portas da escola de gladiadores mantida por Lêntulo, e com trinta (e não mais!) companheiros de destino fugiram da Cápua. Tendo chamado os escravos à liberdade, tiveram consigo imediatamente mais de dez mil homens; não lhes bastava mais terem fugido: eles queriam agora se vingar. Tomaram por assim dizer como primeiro altar o Vesúvio. E, como Clódio Gláber os mantivesse bloqueados ali, deixaram-se deslizar por cabos feitos de varas para dentro da montanha, atingindo assim sua base e, por uma passagem impraticável, surpreendendo subitamente o chefe (romano), que não esperava nada disso, tomaram-lhe seu acampamento. Em seguida, trocaram de acampamento: atingem o de Cora, percorrem aos poucos toda a Campanha e, não satisfeitos com a pilhagem de fazendas e burgos, arrasam terrivelmente Nola e Licéria, Túrios e Metaponto. O afluxo cotidiano de novas tropas, faz deles, afinal, um verdadeiro exército: confeccionam escudos informes de vime e de couro, forjam seu ferro em forma de espadas e lanças e, para que não falte nenhum brilho a seu exército, domam os bandos que encontram formando uma cavalaria. Levaram a seu chefe insígnias e objetos tirados dos pretores: não os recusou, este mercenário da Trácia, admitido no nosso exército, soldado desertor, bandido promovido a gladiador por sua força! Ele chegou mesmo a celebrar funerais de imperator para seus comandantes mortos em combate, ordenando aos prisioneiros que combatessem entre si perto da fogueira, como se lavasse toda a desonra de seu passado, passando de gladiador a patrocinador de jogos.

16 ESCRAVISMO E JUSTIÇA SOCIAL

Começou inclusive a atacar os cônsules nos Apeninos, despedaçou o exército de Lêntulo e perto de Mutina destruiu o acampamento de C. Cássio. Orgulhoso de suas vitórias, pensou (e isto basta para nossa vergonha!) em atacar a cidade de Roma. Finalmente, todas as forças de nosso império são preparadas contra este gladiador e Licínio Crasso reivindicou a honra romana; vencidos e postos em fuga estes... – tenho vergonha de chamá-los de inimigos – refugiam-se no extremo da Itália. Lá, confinados num canto do Brúcio, sem possuir embarcações, procuram evadir-se para a Sicília tentando em vão a violenta corrente do estreito sobre jangadas de feixes de madeira e de conjuntos de potes. Enfim, numa saída, correram eles em direção à uma morte digna de homens de valor; e, como convinha a um general gladiador, a luta foi sem perdão: o próprio Espártaco, combatendo com muita bravura na primeira fila, foi morto como um *imperator*.

FLORO, II, 8 (III, 20)

5. Como tratar o escravo em Roma

É LOUVÁVEL MANDAR EM SEUS ESCRAVOS COM MODERAÇÃO. Mesmo no que diz respeito às nossas posses humanas, cumpre perguntar-se constantemente, não apenas tudo aquilo que podemos fazê-los sofrer sem sermos punidos, mas também o que permite a natureza da equidade e do bem, a qual ordena poupar mesmo os cativos e aqueles que se compra com dinheiro. Quando se trata de homens livres de nascença, honrados, é mais justo tratá-los não como material humano, mas como pessoas que estão sob tua autoridade e que te foram confiadas, não como escravos, mas como pupilos. Aos escravos, é permitido refugiarem-se junto a uma estátua. Embora tudo seja permitido para com um escravo, existem coisas que não podem ser autorizadas em nome do direito comum dos seres animados. Quem podia ter para com Védio Pólio um ódio maior que seus escravos? Ele engordava moreias com sangue humano e mandava jogar quem o ofendia num lugar que não era senão um viveiro de serpentes...

SÊNECA, Sobre a Clemência, I, 18, 1

ESCRAVISMO E JUSTIÇA SOCIAL — 17

6. *A respeito de escravos*

OS ESCRAVOS DEVEM ESTAR SUBMETIDOS AO PODER DE SEUS amos. Esta espécie de domínio já é consagrada no direito dos povos; *pois podemos observar que, de um modo geral, em todos os povos, o amo tem sobre os escravos poder de vida e morte, e tudo aquilo que se adquire por intermédio do escravo pertence ao amo.* Mas, hoje em dia não é permitido nem aos cidadãos romanos, nem a nenhum dos que se acham sob o império do povo romano, castigar excessivamente e sem motivo os escravos. Pois, em virtude de uma constituição do imperador Antonino, aquele que matar sem motivo seu próprio escravo é passível de sanção, da mesma forma que aquele que mata o escravo de outrem. Mesmo um rigor demasiado severo dos amos é reprimido por uma constituição do mesmo príncipe; com efeito, consultado por certos governantes de províncias a respeito da conduta a adotar para com os escravos que procuram asilo nos templos dos deuses ou junto às estátuas dos príncipes, ele decretou que, se a severidade dos amos resultasse intolerável, estes deveriam ser obrigados a vender seus escravos. E ele teve razão em ambos os casos: não devemos fazer mau uso de nossos direitos; é em virtude do mesmo princípio, que se proibiu ao dissipador a administração dos próprios bens.

GAIO, Instituições, I, 52/3.

7. *Justiça social: Hamurábi*

PARA QUE O FORTE NÃO OPRIMA O FRACO,
para dar direitos ao órfão e à viúva,
na Babilônia, cidade, da qual Anu e Enlil (Bel)
[ergueram a cabeça.
na E. Sagil, casa cujas fundações são tão firmes como as dos
[céus e da terra,

18 ESCRAVISMO E JUSTIÇA SOCIAL

minhas preciosas palavras eu as escrevi sobre minha estela
 [e fixei-as frente à minha imagem de rei do direito,
para julgar as (causa de) julgamento do país,
para decidir as decisões do país,
para fazer justiça ao oprimido,

Eu sou o rei que transcende entre os reis,
minhas palavras são escolhidas.
minha inteligência não tem rival,

Por ordem de Shamash, o grande juiz dos céus e da terra,
 [que meu direito resplandeça pelo país
pela palavra de Marduk, meu Senhor, que ninguém apague
 [meu brilho
(apague minha imagem)!
na Esagil, que amo, que meu nome seja sempre celebrado
 [com benevolência
(com bençãos).

Autopanegírico de HAMURÁBI § 59-93

8. *Justiça social: os profetas*

OUVI, CÉUS, E TERRA, ESCUTA, PORQUE O SENHOR É QUEM falou: Criei filhos, e os engrandeci, porém eles se revoltaram contra mim. O boi conhece o seu proprietário e o jumento o dono de sua manjedoura, mas Israel não me reconheceu, o meu povo não me entende. Ai desta nação pecadora, povo carregado de iniquidade, raça corrompida, filhos malvados! Abandonaram o Senhor, blasfemaram contra o Santo de Israel, voltaram para trás.

De que me serve a mim a vossa profusão de sacrifícios? diz o Senhor. Já estou farto deles. Não quero mais holocaustos de carneiros, nem gordura de animais cevados, nem o sangue de bezerros, nem de cordeiros, nem de bodes. Quem vos exigiu tais oferendas, permitindo que andásseis a passear nos meus átrios?

Ouvi a palavra que o Senhor pronunciou contra vós, filhos de Israel, contra toda a família que eu tirei da terra do

ESCRAVISMO E JUSTIÇA SOCIAL 19

Egito, dizendo: De todas as linhagens da terra, só a vós reconheci como meu povo, por isso vos punirei por todas as vossas iniquidades.

No dia em que eu começar a punir as transgressões de Israel, visitarei também os altares de Betel, e as pontas do altar serão cortadas e cairão por terra. E deitarei abaixo o palácio de inverno com o palácio de verão; e as casas ornadas de marfim ruirão, e uma grande multidão de edifícios será destruída, diz o Senhor.

Ouvi estas palavras, vacas de Basã que estais sobre o monte de Samaria, vós que oprimis os necessitados e esmagais os pobres; vós que dizeis a vossos maridos: Trazei, e beberemos. O Senhor Deus jurou pelo seu santo nome que brevemente virão dias mais infelizes para vós, em que vos espetarão nas lanças e meterão os restos do vosso corpo em caldeiras de ferver. E vós saireis pelas brechas abertas uma defronte da outra, e sereis lançadas para Harmon, diz o Senhor.

Portanto, já que explorais o pobre e lhe exigis tributo de trigo, edificareis casas de pedra, porém não habitareis nelas; plantareis as mais excelentes vinhas, porém não bebereis do seu vinho. Porque eu conheço as vossas inúmeras transgressões e os vossos graves pecados: atacais o justo, aceitais subornos e rejeitais os pobres à sua porta. Por isso, que for prudente se calará, porque é tempo mau. Buscai o bem, e não o mal, para que vivais, e o Senhor Deus dos exércitos estará convosco, como vós afirmais.

Eu aborreço e desprezo as vossas festas; e vossas assembleias solenes não me dão prazer. Se vós me oferecerdes holocaustos e presentes, não os aceitarei; e não porei os olhos nas vítimas gordas, que me ofertares, em cumprimento dos vossos atos. Aparta de mim o ruído dos teus cânticos; eu não ouvirei as melodias da tua lira. Antes corra o juízo como as águas, e a justiça como ribeiro perene.

ISAÍAS 1, 2-4
1, 11-12
AMÓS 3, 1-2
3, 14-15
4, 1-3
5, 11-14
5, 21-24

9. Grécia arcaica: justiça social

AGORA, VOU CONTAR UMA ESTÓRIA AOS REIS, POR MAIS SÁBIOS que sejam. Assim falou o gavião ao rouxinol de garganta malhada, levando-o alto nas nuvens, preso nas suas garras. Este implorava piedade, rasgado pelas garras aduncas, e gemia. Aquele, brutalmente, respondeu-lhe: "Miserável, por que gritas? Quem te segura é muito mais forte do que tu. Irás onde eu te levar, embora cantes bem. Se eu quiser, serás minha refeição ou te soltarei. Insensato daquele que tentar resistir a um mais forte que si: a vitória abandona-o e, além da vergonha, ele padece dor." Mas tu, Perseu, ouve a justiça, não te excedas. O excesso é mau para o pobre mortal: nem o poderoso pode suportá-lo facilmente. Seu peso esmaga-o no dia em que aparecem as desgraças. O caminho que passa do outro lado é melhor, é aquele que leva à justiça. Justiça vence ao excesso, quando chegar sua hora. O sofrimento ensina o tolo. Imediatamente, Juramento investe contra as sentenças iníquas. E Justiça clama em alta voz quando é levada pelos devoradores de presentes que só têm sentenças iníquas para fazer justiça. Ela os segue, lamentando a sina da cidade e das moradas dos homens que a baniram e a dispensaram sem probidade... *Ó reis, meditai também sobre essa justiça. Ao seu redor, entre os homens, imortais vigiam todos aqueles que, com sentenças iníquas, oprimem uns aos outros e se esquecem do temor aos deuses.* São três vezes dez mil sobre a terra nutriente os imortais a quem Zeus confiou a guarda dos mortais. Eles olham as sentenças e as obras más, visitando toda a terra, vestidos de bruma. Há também uma virgem, Justiça, nascida de Zeus, celebrada e respeitada pelos deuses que estão no Olimpo. Quando é prejudicada por insultos iníquos, ela logo vai sentar-se ao lado de Zeus, seu pai, o filho de Cronos. Ela denuncia o espírito dos homens injustos para que o povo pague pela loucura dos reis cujos tristes pensamentos desviam as sentenças em fórmulas iníquas. Considerai isso, reis devoradores de presentes, para corrigir vossas palavras. Às sentenças iníquas, renunciai para sempre. É para si próprio que prepara as desgraças o homem que prepara desgra-

ESCRAVISMO E JUSTIÇA SOCIAL   21

ças para outrem. A má ação é má sobretudo para o autor. O olho de Zeus, que vê tudo, que compreende tudo, compreende isso também, se lhe apraz. Não se pode esconder dele o que vale a justiça encerrada nos muros de uma cidade. Pudera eu não ser mais justo hoje entre os homens, nem eu, nem meu filho, pois é mau ser justo, se uma justiça melhor vai para o mais injusto. Mas nunca julguei ser este o objetivo do prudente Zeus.

> HESÍODO, Os Trabalhos e os Dias, 202-224
> 248-273

10. *Igualdade social na Atenas Clássica*

OS ESCRAVOS E METECOS GOZAM EM ATENAS DE UMA TOTAL liberdade de ação: aí é proibido castigá-los, e um escravo não prima pela polidez. Eu vos direi porque isto acontece normalmente assim. Se a lei quisesse que o homem livre emendasse o escravo, ou o meteco, ou ainda o liberto, ocorreria frequentemente que se castigaria um ateniense no lugar de um escravo. Realmente, em termos de roupa, o povo aí não tem nada melhor para vestir que os escravos ou metecos: eles não têm aparência melhor. *Se se estranha ver lá os escravos levando uma boa vida e alguns mesmo conhecendo uma existência suntuosa, pode-se observar que existe um propósito deliberado em permitir que isto aconteça.* Pois uma vez que se trata de uma potência marítima, o capitalismo impõe o trabalho escravo para nos permitir receber o fruto de seu trabalho: é preciso, pois, deixá-los livres. Onde os escravos são ricos, é perfeitamente inútil que o escravo de um senhor tema os outros senhores, como ocorre na Lacedemônia. Ora, quando o escravo de um senhor teme outro, há o perigo de o primeiro oferecer a este suas riquezas para evitar de se pôr em perigo pessoal. A razão pela qual concedemos igualdade aos escravos face aos homens livres, e aos metecos face aos cidadãos, é que uma cidade tem necessidade dos metecos por causa da quantidade de cargos profissionais e da marinha. Bem, é por isso, sem dúvida, que concedemos igualdade aos metecos!

PSEUDO-XENOFONTE, República dos Atenienses,
I, 10-12

11. *Tibério Graco: justiça social em Roma*

OS ANIMAIS DA ITÁLIA POSSUEM CADA UM SUA TOCA, SEU abrigo, seu refúgio. No entanto, os homens que combatem e morrem pela Itália estão à mercê do ar e da luz e nada mais: sem-lar, sem-casa, erram com suas mulheres e crianças. Os generais mentem aos soldados quando, na hora do combate, os exortam a defender contra o inimigo suas tumbas e seus lugares de culto, pois nenhum destes romanos possui nem altar de família, nem sepultura de ancestral. *É para o luxo e enriquecimento de outrem que combatem e morrem tais pretensos senhores do mundo, que não possuem sequer um torrão de terra.*

PLUTARCO, Tibério Graco, IX, 4

Guerras de Conquista

12. *Ocupação da Cananeia pelos hebreus*

E ACONTECEU QUE, DEPOIS DA MORTE DE MOISÉS, SERVO DO Senhor, este falou a Josué, filho de Num, ministro de Moisés, e lhe disse: Meu servo Moisés, morreu; levanta-te, e passa esse Jordão, tu e todo o povo contigo, entra na terra que eu darei aos filhos de Israel. *Todo o lugar que a planta do vosso pé pisar, eu vo-lo darei, como disse a Moisés. Os seus limites serão desde o deserto e desde o Líbano até o grande rio Eufrates, todo o país dos heteus até o mar grande para o ocidente.* Ninguém vos poderá "resistir em todos os dias da vossa vida; como fui com Moisés, assim serei contigo; não te deixarei, nem desampararei.

E Josué ordenou aos príncipes do povo: Percorrei os acampamentos, e dizei ao povo: Fazei provisão de mantimentos, porque daqui a três dias haveis de atravessar o Jordão, e passareis a possuir a terra, que o Senhor vosso Deus vos há de dar.

Disse também aos rubenitas e aos gaditas, e à meia tribo de Manassés: Lembrai-vos do que vos ordenou Moisés, servo do Senhor: O Senhor vosso Deus vos deu descanso e toda esta terra. Vossas mulheres e filhos e animais ficarão na terra que Moisés vos deu aquém do Jordão; mas vós, os mais valentes, passareis armados à frente de vossos irmãos, e pelejareis por eles, até que o Senhor dê descanso a vossos irmãos, como o deu a vós, e também eles possuam a terra, que o Senhor vosso Deus lhes há de dar; e depois voltareis para a terra que possuís, a que Moisés, servo do Senhor, vos deu do Jordão para o nascente, e habitareis nela.

24 GUERRAS DE CONQUISTA

E eles responderam a Josué: Nós faremos tudo o que nos ordenaste; e iremos para onde quer que nos mandares.

JOSUÉ 1, 1-5
1, 10-16

13. Campanha de Seti I no norte da Palestina

ANO I, 3º MÊS DA TERCEIRA ESTAÇÃO, DIA 10. VIVA O Hórus: Touro Poderoso, Aparecendo em Tebas, Fazendo Viver Duas Terras; as Duas Deusas: Repetindo Nascimentos, Poderosas nas Armas, Repelindo os Nove Arcos; o Hórus de Ouro: Repetindo Aparições, Poderoso de Arcos em Todas as Terras; o Rei do Alto e Baixo Egito, Senhor das Duas Terras; Men-maat-Re [Ir]-en-Re, o Filho de Ré, Senhor dos Diademas: Seti Mer-ne-Ptah, amado de Ré-Har-akhti, o grande deus. O bom deus, potente com seu braço, heroico e valente como Montu, rico em escravos, sabendo (como) colocar sua mão, alerta onde estiver; falando com sua boca, agindo com suas mãos, valente líder de seu exército, valente guerreiro no fragor da luta, um terrível Bastet em combate, penetrando numa massa de asiáticos e prostrando-os, esmagando os príncipes de Retenu, alcançando a (verdadeira) destruição daquele que transgride *seu* caminho. Ele compele *à retirada* os príncipes da Síria, *de cuja* boca a jactância era *(tão) grande*. De todos países estrangeiros dos confins da Terra, dizem os príncipes: "Para onde iremos?" Eles passam a noite *testemunhando* em seu nome, dizendo: *"Veja isto, veja isto!" em* seus corações. Foi a força de seu pai Amon que lhe concedeu valor e vitória.

Neste dia alguém veio relatar à sua majestade, o seguinte: "O vil inimigo que está na cidade de Hamath está congregando a si muitas pessoas, enquanto está capturando a cidade de Beth-Shan, *Depois haverá* uma aliança com os de Pahel. Ele não permite a saída do príncipe de Rehob".

Assim sendo, sua majestade enviou o primeiro exército de Amon (denominado) "Poderoso dos Arcos", à cidade de

GUERRAS DE CONQUISTA

25

Hamath, o primeiro exército de Ré, (denominado) "Repleto de Valor", à cidade de Beth-Shan, e o primeiro exército de Seth, (denominado) "Potente nos Arcos", à cidade de Yanoam. Quando o espaço de um dia havia decorrido, eles foram derrotados para a glória de sua majestade, o Rei do Alto e Baixo Egito: Men-maat-Re; o Filho de Ré: Seti Mer-ne-Ptah, dada vida.

ANET, 253-254

14. *Assurnasírpal II (883-859): expedição ao Líbano*

(Dos anais inscritos nas grandes lajes de pedra do pavimento do templo de Ninurta em Calah, a nova residência real construída por Assurnasírpal II).

N AQUELE TEMPO EU CONQUISTEI TODA A EXTENSÃO DA montanha do Líbano e cheguei ao Grande Mar do país Amurru. (Eu) limpei minhas armas na profundeza do mar e fiz oferendas de carneiros para (todos) os deuses. O tributo da costa marítima – dos habitantes de Tiro, Sídon, Biblos, Mahallata, Maiza, Kaiza, Amurru, e (de) Arvad, que é (uma ilha) do mar, (consistindo de): ouro, prata, estanho, cobre, recipientes de cobre, roupas de linho com enfeites multicolores, grandes e pequenos macacos, ébano, madeira de buxo, marfim de presas de morsas – (assim um marfim) produto do mar, – (isto) seu tributo eu recebi e eles abraçaram meus pés.

Eu subi as montanhas do Amanus (*Ha-ma-ni*) e (aí) derrubei troncos de cedros, ciprestes (e) pinheiros, e fiz oferendas de carneiros para meus deuses. Eu (havia) feito uma estela esculpida (comemorando) meus feitos heroicos e aí a erigido. As vigas de cedro do monte Amanus eu *destinei/ mandei* para o templo Esarra para (a construção de) um

26 GUERRAS DE CONQUISTA

santuário *iasmaku* como um edifício para festivais servindo os templos de Sin e Shamash, os deuses (da) luz.

ANET, 257-276

15. Senaqueribe: O cerco de Jerusalém

N A MINHA TERCEIRA CAMPANHA MARCHEI CONTRA HATTI. Luli, rei de Sídon, que havia sido derrotado pela fascinação terrível de meu poder, fugiu para longe além-mar e morreu. O esplendor apavorante da "Arma" de Ashur, meu senhor, dominou suas fortes cidades (como) Grande Sídon, Pequena Sídon, Bit-Zitti, Zaribtu, Mahalliba, Ushu (i. e. a colônia terrestre de Tiro), Akzib (e) Akko, (todas as) suas cidades-fortalezas, muradas (e bem) providas de comida e água para suas guarnições, e elas se curvaram em submissão a meus pés. Coloquei Ethba'al (*Tuba'lu*) no trono para ser seu rei e impus-lhe tributo (devido) a mim (como) seu senhor, (a ser pago) anualmente sem interrupção.

Assim como para todos os reis de Amurru – Menachem (*Mi-in-hi-im-mu*) de Samsimuruna, Tuba'lu de Sídon, Abdili'ti de Arvad, Urumilki de Biblos, Mitinti de Ashdod, Buduili de Beth-Ammon, Kammusunadbi de Moab (e) Aiarammu de Edom, eles trouxeram para mim suntuosas dádivas (*igisû*) e – quatro vezes – seus pesados presentes *tâmartu* e beijaram meus pés. Sidqia, todavia, rei de Ashkelon, que não se curvou sob meu jugo, eu deportei e mandei para a Assíria, seus deuses familiares, ele mesmo, sua esposa, seus filhos, seus irmãos, todos os descendentes masculinos de sua família. Coloquei Sharruludari, filho de Rukibtu, seu rei anterior, sobre os habitantes de Ashkelon e impus-lhe o pagamento de tributo (e de) presente *kâtru* (devidos) a mim (como) senhor – e (agora) ele se submeteu (ao meu jugo)!

Na continuação da minha campanha ocupei Beth-Dagon, Joppa, Banai-Barqa, Azuru, cidades pertencentes a Sidqia, que não se curvou a meus pés (suficientemente) rápido; eu (as) conquistei e levei seu espólio. Os oficiais, os patrícios e

GUERRAS DE CONQUISTA 27

a gente (comum) de Ekron – que haviam aprisionado Padi, seu rei (porque ele havia permanecido) leal ao (seu) juramento solene (realizado) em nome do deus Ashur, e que o haviam entregue para Hezekiah, o Judeu (Ha-za-qi-(i)a-ú amel Ia-ú-da-ai) – (e) ele (Hezekiah) o manteve na prisão, ilegalmente, como se ele (Padi) fosse um inimigo – haviam-se amedrontado e haviam clamado (por socorro) aos reis do Egito (*Mus(u)ri*) (e) aos arqueiros, o (corpo de) bigas e a cavalaria do rei da Etiópia (*Meluhha*), um exército incontável – e eles (realmente) haviam vindo em seu auxílio. Na planície de Eltekeh (*Al-ta-qu-ú*), suas linhas de batalha foram colocados contra mim e eles afiaram suas armas. Apoiado num oráculo favorável dado por Ashur, meu senhor, eu lutei contra eles e inflingi-lhes uma derrota. No calor da batalha, eu pessoalmente capturei vivos os aurigas egípcios com seu(s) príncipes e (também) os aurigas do rei da Etiópia. Ocupei Eltekeh (e) Timnah (*Ta-am-na-a*), conquistei(-as) e levei seu espólio. Ataquei Ekron e matei os oficiais e patrícios que haviam cometido o crime e pendurei seus corpos em estacas circundando a cidade. Os cidadãos (comuns) que eram culpados de crimes de menor importância, considerei prisioneiros de guerra. Os restantes, aqueles que não eram acusados de crimes e de má conduta, eu libertei. Fiz Padi, seu rei, vir de Jerusalém (*Ur-sa-li-im-mu*) e o coloquei no trono como seu senhor, impondo-lhe o tributo (devido) a mim (como) chefe supremo.

Quanto a Hezekiah, o Judeu, ele não se submeteu a meu jugo, eu sitiei 46 de suas cidades fortes, fortalezas muradas e inúmeros pequenos vilarejos em sua vizinhança, e conquistei (-as) por meio de rampas (de terra), bem batidas, e aríetes trazidos (assim) para perto (das muralhas) (combinados com) o ataque da infantaria, utilizando-se de túneis, brechas, assim como de trabalhos de trincheira. Delas expulsei 200.150 pessoas, jovens e velhos, homens e mulheres, cavalos, mulas, jumentos, camelos, incontáveis cabeças de gado, grandes e pequenas, e considerei(-as) saque. Dele próprio fiz prisioneiro em Jerusalém, sua real residência, como um pássaro numa gaiola. Cerquei-o com fortificações a fim de molestar aqueles que estavam deixando o portão de sua cidade. Suas cidades,

28 GUERRAS DE CONQUISTA

que eu havia saqueado, tomei de seu país e entreguei-as para Mitinti, rei de Ashdod, Padi, rei de Ekron, e Sillibel, rei de Gaza. Assim reduzi seu país, mas ainda aumentei o tributo e os presentes *katrû* (devidos) a mim (como seu) chefe supremo, que lhe impus (mais tarde), além do tributo anterior, a ser entregue anualmente. O próprio Hezekiah, que havia sido subjugado pelo esplendor terrível de meu poder, e cujas tropas irregulares e de elite, que ele havia trazido para Jerusalém, sua real residência, a fim de fortalecê(-la), haviam-no desertado, mandou-me, mais tarde, para Nínive, minha nobre cidade, juntamente com 30 talentos de ouro, 800 talentos de prata, pedras preciosas, antimônio, grandes talhas de pedra vermelha, sofás (incrustrados) com marfim, cadeiras *nîmedu* (incrustradas) com marfim, presas de elefantes, ébano, madeira de buxo (e) várias espécies de valiosos tesouros, suas (próprias) filhas, concubinas, músicos. A fim de entregar o tributo e por obediência como escravo ele mandou seu mensageiro (pessoal).

do Prisma de Senaqueribe in ANET, 287-288

16. *Senaqueribe invade Judá*

NO DÉCIMO QUARTO ANO DO REINADO DE EZEQUIAS, Senaqueribe, rei dos assírios, atacou e tomou todas as cidades fortes de Judá. Então Ezequias, rei de Judá, mandou mensageiros ao rei dos assírios, em Laquis, dizendo: Eu cometi uma falta; retira-te das minhas terras e eu aceitarei tudo o que me impuseres. O rei dos assírios, então, impôs a Ezequias, rei de Judá, trezentos talentos de prata, e trinta talentos de ouro. E Ezequias deu-lhe toda a prata que foi encontrada na casa do Senhor e nos tesouros do rei. Foi quando, Ezequias arrancou das portas do templo do Senhor as chapas de ouro com que ele próprio as tinha forrado e as entregou ao rei dos assírios.

O rei dos assírios, porém, (faltando ao seu compromisso), enviou de Laquis, Tartã, Rebasaris e Rebsaces com um poderoso exército contra o rei Ezequias em Jerusalém; que

GUERRAS DE CONQUISTA 29

pondo-se em marcha, chegaram a Jerusalém e fizeram alto junto do aqueduto da piscina superior, que está no caminho do campo do lavandeiro. Chamaram o rei. Foi ter com eles Eliaquim, filho de Helquias, mordomo-mor da casa do rei, e Sebna, o secretário e Joá, filho de Asafe, o arquivista.

E Rabsaces disse-lhes: Dizei a Ezequias: Eis o que diz o grande rei, o rei dos assírios: Que confiança é esta, em que te apoias? Porventura resolveste te preparar para a batalha? Em que confias para ousares resistir-me? Confias, porventura, no Egito, que é um bordão de cana rachada, sobre o qual se o homem se firmar, se quebra e lhe fura a mão, transpassando-a? Assim é Faraó, rei do Egito, para todos os que confiam nele.

Se vós me disserdes: Nós temos a nossa confiança no Senhor nosso Deus; aquele mesmo cujos altares Ezequias destruiu, ordenando a Judá e a Jerusalém: Adorareis só diante deste altar em Jerusalém. Marchai, pois, agora, contra o rei dos assírios, meu amo, e eu vos darei dois mil cavalos se puderes encontrar homens para montá-los. E se não podeis resistir a um só capitão dos menores dos servos do meu senhor, como podeis confiar no Egito, por causa de seus carros e de seus cavaleiros?

II REIS, 18, 13-24.

17. *Batalha de Lade: tomada de Mileto pelos persas*

MESMO CONTRA MILETO, ERA DE PREVER O ATAQUE DE UM numeroso exército, por terra e por mar. Os generais persas tinham-se reunido e formado um único exército para investir contra Mileto, negligenciando as outras povoações. Na frota, os mais ardentes eram os fenícios, e com eles estavam cipriotas recentemente submetidos, cilicianos e egípcios.

Assim, eles avançavam contra Mileto e o resto da Jônia. Os jônios souberam e mandaram seus deputados ao Paninion. Chegados aí, deliberaram e tomaram a decisão de não mo-

30 GUERRAS DE CONQUISTA

bilizar o exército de terra contra os persas. As muralhas da cidade seriam defendidas pelos próprios milésios. A frota seria armada com todos os navios. Depois de armada, ela seria concentrada rapidamente em Lade para a defesa naval de Mileto. Lade é uma pequena ilha situada em frente à cidade de Mileto. Quando seus navios foram armados, os jônios apresentaram-se acompanhados pelos eólios que vivem em Lesbos... O total de todas as esquadras atingia 353 embarcações.

Tal era a frota dos jônios. Do lado dos bárbaros, o número dos navios era de 600. Quando sua frota chegou às costas milésias e todo o exército de terra estava aí, os generais persas, informados do número dos navios jônios, temeram ser incapazes de vencer e tomar Mileto, já que não dominavam o mar, – o que lhes fazia correr o risco de fracassar, segundo Dario. Estas considerações levaram-nos a convocar os tiranos da Jônia que Aristágoras de Mileto expulsara do poder, e que se haviam refugiado no país dos medos. Eles faziam então parte do exército que atacava Mileto. Os generais mandaram chamar os tiranos que se encontravam ali e falaram-lhes da seguinte maneira: "Jônios, é chegado o momento de mostrar sua dedicação à casa do rei. Cada um deve esforçar-se por tirar seus conterrâneos da coalisão. Prometam-lhes que não terão nenhum prejuízo pela sua revolta, que nem seus santuários, nem seus bens pessoais serão incendiados e que sua condição não será mais dura que antes. Mas, se eles não quiserem atender seu pedido, se entrarem decisivamente na luta, digam-lhes logo, ameaçando-os, o que vai acontecer: se forem vencidos pelas armas, eles serão reduzidos à escravidão, faremos de seus filhos eunucos, desterraremos suas filhas na Batriânia e entregaremos seu território a outros."

Tais foram suas palavras. Para divulgá-las, cada tirano da Jônia mandou, de noite, emissários para seus compatriotas. Mas os jônios a quem essas mensagens chegaram, permaneceram na sua falta de visão e negaram-se a trair. Cada um acreditava que era o único a receber tais propostas da parte dos persas. O acontecimento verifica-se logo depois da chegada dos persas a Mileto.

GUERRAS DE CONQUISTA   31

Em seguida, os jônios, reunidos em Lade, fizeram assembleias. Vários oradores tomaram a palavra, entre os quais o general fócio Dionísio, que disse o seguinte: "Jônios, a nossa situação é aflitiva. Poderemos ser livres, escravos, ou escravos fugidos. Mas, se aceitam submeter-se a um duro treinamento, será penoso de início, mas poderão vencer seus adversários e permanecer livres. Se pelo contrário, a indolência e a indisciplina guiam sua conduta, não vejo nenhuma esperança para evitar pagar ao rei o preço de sua revolta. Acreditem em mim. Confiem em mim. Eu lhes faço esta promessa: se os deuses mantiverem justiça, os inimigos deixarão de vos perseguir, ou, se teimarem, serão arrasados".

Ouvindo estas palavras, os jônios passam a confiar em Dionísio. Ele cada dia, levava ao mar os navios em linha. Fazia com que os remadores colocassem os navios um ao lado do outro, treinava a infantaria de marinha e, depois, deixava as naus ancoradas o dia inteiro, o que custava um esforço constante aos jônios. Durante sete dias eles lhe obedeceram e executaram suas ordens. Mas, no dia seguinte, como não estavam acostumados a tanto e se encontrassem esgotados pela fadiga e pelo sol, começaram a falar entre si: "Que gênio maléfico ofendemos, para ter que aguentar tudo isso? Sem dúvida, ficamos perturbados, fora de nós mesmos, para que um fócio jactancioso, que traz apenas três navios, conseguisse nossa confiança. Ele manda em nós e está nos levando para a perda. Muitos já adoeceram e muitos outros estão expostos ao mesmo perigo. Em vez desse martírio, é melhor aguentar qualquer coisa, suportar a escravidão que nos espera, seja qual for. Vamos! Daqui para a frente, deixemos de obedecer-lhe". Assim falaram e assim fizeram. Como um exército em terra, armaram tendas na ilha e puseram-se à sombra. Negaram-se terminantemente a subir a bordo para fazer treinamento...

Assim, no dia em que a frota fenícia passou à ofensiva, os jônios foram a seu encontro no mar, com seus navios em linha. Defrontaram-se e o combate começou. A partir deste momento, não sou mais capaz de consignar com precisão quais foram os jônios que se mostraram covardes ou valentes, durante esta batalha naval, porque se acusam mutuamente. Conforme se conta, os jônios conformaram-se com o

32 GUERRAS DE CONQUISTA

acordo feito com Aiakes, alçaram suas velas e deixaram a linha de batalha para singrar em direção a Samos, com exceção de onze navios. Seus capitães permaneceram no posto, tomando parte no combate sem escutar aos estrategos. Para lembrar esta façanha, a república de Samos homenageou-os, transcrevendo numa estela seus nomes e os de seus pais, como prova de sua coragem. Essa estela ergue-se na ágora. Quando os habitantes de Lesbos viram seus vizinhos fugir, fizeram como os sâmios. E a maioria dos jônios agiram da mesma forma.

Dentre aqueles que ficaram no combate, os quiotas foram os mais maltratados, porque realizaram façanhas, repelindo qualquer pensamento covarde. Eles tinham fornecido... cem navios. Em cada um, quarenta cidadãos de elite, que constituíam a infantaria marinha. Quando se viram traídos pela maioria dos aliados, eles julgaram indigno segui-los na covardia. Isolados, com um pequeno grupo de aliados, combateram introduzindo-se nas linhas adversárias. Finalmente, depois de destruir numerosos navios inimigos, tinham perdido a maioria dos seus. Então os quiotas retiraram-se em direção a seus territórios, com aqueles que tinham ficado...

Os persas, já vencedores dos jônios nesta balha naval, sitiaram Mileto por terra e por mar. Minaram as muralhas, destruindo-as com todo tipo de máquinas e conseguiram a vitória completa, cinco anos depois da revolta de Aristágoras. Reduziram a cidade à escravidão... A maioria dos homens foram mortos pelos persas de cabelos compridos. As mulheres e as crianças tornaram-se escravos. O santuário de Dídimo, seu templo e seu oráculo foram saqueados e incendiados... Desterraram os presos milésios a Susa. O rei Dario, sem maltratá-los mais, estabeleceu-os no mar chamado Eritreia, na cidade de Ampé, de onde corre o rio Tigre quando desemboca no mar. Os persas atribuíram-se a cidade e a planície do território de Mileto e deram aos carianos de Pedasa as povoações montanhosas.

HERÓDOTO, VI, 6-12
14-15
18-20

18. A Batalha de Issos

TRATA-SE DA BATALHA QUE TEVE LUGAR NA CILÍCIA ENTRE Alexandre e Dario III. Alexandre já estava atravessando os desfiladeiros e aquilo que chamamos de "As Portas da Cilícia", quando Dario irrompeu na Cilícia com seu exército, depois de ter-se utilizado da passagem que denominamos "As Portas Amânicas", Tendo tomado conhecimento pelos nativos que Alexandre o precedia como se estivesse se dirigindo para a Síria, o rei persa pôs-se a segui-lo, aproximou-se dos desfiladeiros e acampou nas margens do Pinarus. O local não tinha mais de quatorze estádios[1] de largura entre o mar e o pé das montanhas. No meio, o rio corria em diagonal, com ribanceiras muito marcadas a partir da montanha, e com margens íngremes, difíceis de serem vencidas no terreno plano até o mar. Calístenes acrescenta depois destes detalhes que, assim que Alexandre fazendo meia-volta, marchou sobre eles, Dario e seu estado-maior organizaram toda sua falange no próprio local do acampamento que ainda não tinha sido abandonado, utilizando-se como cobertura, do rio que corria ao longo do acampamento. Quanto aos cavaleiros, eles os teriam enfileirado ao longo do mar, em seguida os mercenários perto do rio, e próximos a estes, a infantaria, perto da montanha.

CALÍSTENES, História de Alexandre, Fragmento 35
(Jacoby), citado por Políbio XII, 17

19. Alexandre explica a seu exército as razões da tomada de Tiro

AMIGOS E ALIADOS, VEJO QUE A MARCHA EM DIREÇÃO AO Egito não está assegurada enquanto os persas dominarem o mar; não é prudente de muitos pontos de vista, sobretudo no que concerne os gregos, perseguir Dario,

---

1. Quatorze estádios = 2,5 km.

34 GUERRAS DE CONQUISTA

deixando atrás esta duvidosa cidade de Tiro, enquanto que o
Egito e Chipre continuam em mãos dos persas. Se algum dia
os persas dominarem novamente as regiões próximas ao mar –
enquanto nossas forças avançam em direção à Babilônia e a
Dario – com uma armada reforçada eles fariam a guerra na
Grécia, onde existe a hostilidade dos lacedemônios e a neu-
tralidade atual dos gregos, devida mais ao temor do que à
simpatia. No entanto, se Tiro fosse tomada, dominaríamos
a Fenícia, e logicamente a frota fenícia (isto é, a melhor parte
da frota persa) estaria do nosso lado, pois nem os marinheiros, nem as tropas enviadas da Fenícia, correriam o risco de
uma batalha em benefício de outrem, se dominássemos suas
cidades. Após isso, Chipre se juntaria a nós sem dificuldade,
ou seria derrotada facilmente por uma expedição. Uma vez
reunidas as frotas fenícia e egípcia e ainda Chipre, dominaríamos seguramente o mar, tornando a expedição ao Egito
um golpe fácil. Com o Egito submetido à nossa dominação,
não teremos mais que nos inquietar pelos nossos problemas
ou dos gregos, e marcharíamos em direção à Babilônia, não
somente livres de toda a preocupação, mas com um trunfo a
mais, uma vez que teremos tirado da dominação persa todo o
mar e as terras aquém do Eufrates.

ARRIANO, II, 17

20. *Aspectos do cerco de Tiro*

O CERCO DE TIRO SURGIA COMO UM ASSUNTO IMPORTANTE.
A cidade, com efeito, era uma ilha protegida por todos os lados por altos muros; nessa época o poderio
marítimo dos habitantes de Tiro era grande, os persas ainda
dominavam o mar e Tiro dispunha de numerosas embarcações.
Apesar disso, Alexandre decidiu construir um dique ligando
a cidade ao continente. O estreito era limoso, cheio de lama e
pouco profundo perto do continente; mas próximo à cidade, no
ponto mais fundo, a profundidade era superior a três órgias.
No entanto, havia abundância de pedras e de madeira que eles
amontoavam sobre as pedras; e as estacas penetravam sem di-

GUERRAS DE CONQUISTA 35

ficuldade no limo, enquanto a lama se encarregava de cimentar as pedras assegurando sua coesão. O ânimo dos macedônios na obra de Alexandre era grande; ele estava presente, dirigindo todos os aspectos, encorajando uns com palavras, outros com recompensas, animando todos os que participavam da obra. Enquanto não estava longe do continente a obra avançava sem dificuldade em virtude da pouca profundidade e da ausência do inimigo. No entanto, quando aumentavam a profundidade e a proximidade da cidade, os macedônios eram fortemente atingidos pelos projéteis lançados dos muros elevados, visando mais a obra do que o combate; além disso os habitantes de Tiro, que dominavam o mar, se aproximavam de todos os lados com as embarcações, tornando a construção mais difícil. Os macedônios ergueram no ponto mais avançado do dique duas torres de madeira, instalando aí armamentos de guerra. As torres eram recobertas de couro e peles para protegê-los das tochas lançadas das muralhas, servindo de abrigo contra os projéteis para aqueles que estavam trabalhando, ao mesmo tempo em que todos os habitantes de Tiro que atacassem os macedônios que trabalhavam, seriam afastados sem pena pelos projéteis lançados das torres. Com relação a tal aspecto, os habitantes de Tiro imaginaram o seguinte: amontoaram num transporte de cavalos (balsa) sarmentos secos de vinhas, e todas as espécies de madeira inflamável, fixaram dois mastros na proa cercando-os com a maior quantidade possível de palha e tochas; sobre o conjunto espalharam pez, enxofre e tudo o que pudesse produzir uma chama imensa. Além disso, tinham instalado entre os dois mastros antenas duplas nas quais colocaram caldeirões contendo todos os combustíveis eficazes, líquidos e sólidos. Lastrearam a popa com areia para que a proa da embarcação, uma vez desequilibrada, se erguesse novamente. Em seguida, observando o vento que soprava em direção ao dique, prenderam a embarcação em galeras, arrastando-a em direção ao largo. Uma vez próximos do dique e das torres, puseram fogo na carga e empurraram o navio incendiário com força, lançando-o contra a extremidade do dique. Os homens do navio incendiário escaparam facilmente a nado. No ínterim, um fogo imenso atinge as torres e as antenas lançam tudo aquilo que tinha sido preparado para aumentar o incêndio.

36

GUERRAS DE CONQUISTA

Além disso, os habitantes de Tiro das galeras mais próximas ao dique bombardeiam as torres, tornando muito perigosa a aproximação daqueles que quisessem apagar o incêndio. Eis porque, as torres já tendo pego fogo, muitos habitantes de Tiro embarcam e acostam em vários pontos do dique, destroem facilmente as trincheiras construídas anteriormente pelos macedônios, e põem fogo nos instrumentos que o navio incendiário não tinha atingido.

Alexandre ordena a construção de um dique mais largo a partir do continente, para comportar mais torres, e manda fabricar novos armamentos. Enquanto são executados tais preparativos, parte para Sídon, acompanhado dos escudeiros e dos guiães para reunir os navios que possuía, pois a tomada da cidade era impossível enquanto os habitantes de Tiro dominassem o mar... (com uma concentração naval favorecendo Alexandre, os habitantes de Tiro no mar colocam-se na defensiva)... Os habitantes de Tiro ergueram em cima do muro defronte ao dique, torres de madeira de onde pudessem combater, e se os armamentos tivessem sido deslocados para algum lugar, eles se defenderiam com projéteis e navios incendiários, para provocar nos macedônios o temor da aproximação à muralha, que defronte ao dique era mais alta em cerca de cinquenta pés, a espessura correspondendo à altura, e era feita de pedras imensas unidas com cal. As balsas, galeras dos macedônios que deviam conduzir os armamentos não podiam se aproximar da cidade, pois os habitantes de Tiro lançavam quantidades imensas de rocha no mar, interditando o acesso. Alexandre mandou arrancar as rochas do mar. A tarefa era difícil para todos, começando pelas embarcações onde se tinha menos estabilidade que em terra. Além disso, os habitantes de Tiro, com embarcações protegidas, atingiam as âncoras das embarcações inimigas. Alexandre, fortalecendo igualmente numerosas embarcações de trinta remadores, colocou-as obliquamente para defender o lugar das âncoras e protegê-las contra as embarcações dos tirenses. No entanto, os mergulhadores de Tiro, escondidos no mar, cortavam os cabos. Os macedônios trocam os cabos por correias de modo que os mergulhadores não podem mais fazer nada. Eis porque, com o auxílio de redes, eles podiam

GUERRAS DE CONQUISTA 37

retirar rochas do mar, e em seguida lançá-las ao largo com as máquinas, onde elas não atrapalhavam. Desta maneira, livres de todos os obstáculos, o acesso à muralha deixou de ser difícil para as embarcações.

ARRIANO, Anábase, II 18, 2-6
19
21, 3-7

21. *A Batalha da Mantineia*

EPAMINONDAS MANDOU PREPARAR SUAS TROPAS RETIRANDO-as de Tegeu e sua conduta merece atenção. Em primeiro lugar, organizou, como é lógico, seu exército para o combate, e fazendo isso ele parecia demonstrar claramente que se preparava para a batalha. No entanto, assim que o exército foi organizado como ele queria, não o conduziu da maneira mais rápida em direção ao inimigo, mas tomou a direção das montanhas do oeste, de frente para Tegeu, dando assim a impressão aos inimigos de não se preparar para o combate naquele dia. E, de fato, chegando junto da montanha, com a falange preparada, mandou depositar as armas no pé das montanhas, parecendo acampar. E assim procedendo, eliminou por parte da maioria dos inimigos toda preparação para o combate, tanto psicológica quanto tática. No entanto, assim que fez com que as unidades passassem da formação em colunas para a de linhas, ergueu em torno de si uma poderosa frente de ataque, ordenou a retomada das armas e avançou seguido pelos soldados. Quando os inimigos, contra todas as expectativas, viram-no marchar em direção a eles, houve intranquilidade geral; uns corriam para seus lugares, outros entravam em linha, outros selavam seus cavalos, outros vestiam as couraças, mas todos pareciam estar mais dispostos a entregar-se do que a agir. Ele, de seu lado, conduzia seu exército como a proa de uma galera, pensando que destruiria todo o exército inimigo assim que o encontrasse. De fato, ele se dispunha atacar com a ajuda mais forte, recusando a mais fraca, cuja derrota ele sabia que enfraqueceria os seus, reforçando o inimigo.

38

GUERRAS DE CONQUISTA

Este último tinha disposto seus cavaleiros como uma falange de hoplitas em número de seis, sem infantaria auxiliar. Epaminondas fez de sua cavalaria um ponto poderoso de ataque, acrescentando-lhe uma infantaria auxiliar pensando que, assim que a cavalaria tivesse avançado, ele teria vencido todo o exército inimigo; seria muito difícil, com efeito, encontrar indivíduos dispostos a resistir, quando vissem fugir alguns dos seus. Para impedir igualmente a aproximação dos atenienses pelo lado esquerdo para ajudar seus vizinhos, dispôs cavaleiros e hoplitas contra eles em certas colinas, esperando que os atenienses temessem ser pegos por trás, caso fossem socorrer seus amigos. Tais foram suas ordens para o combate, e suas esperanças não foram contrariadas, pois vencia onde quer que atacasse, pondo em fuga todos seus adversários diretos. Mas, uma vez estes derrotados, os seus não mais souberam explorar a vitória, apesar de que toda a falange inimiga fugira: os hoplitas não mataram ninguém e não ultrapassaram a linha de ataque. Os cavaleiros também fugiam diante deles e, no entanto, a cavalaria não perseguia nem os cavaleiros nem os hoplitas, mas, à maneira dos vencidos, tomados pelo terror, se lançaram entre os inimigos derrotados. No entanto, os infantes auxiliares e os peltastas que tinham participado da vitória dos cavaleiros chegaram como vencedores na ala esquerda; mas lá a maioria deles tinha tombado ante os ataques dos atenienses. Estes fatos ocorreram de maneira oposta da que todos previram. Quase toda a Grécia tinha participado do combate, e entre os adversários nenhum duvidava que, após a batalha, os vencedores comandariam e os vencidos seriam dominados; no entanto, a divindade agiu de maneira que, os dois lados, considerando-se vencedores, erguessem um troféu, que uns não se opusessem a que outros erguessem seu troféu; que ambos homenageassem os mortos como se tivessem vencido; que fossem recebidos como se tivessem sido vencidos; que nenhum dos dois que pretendia ter vencido não conquistasse abertamente mais cidades, territórios, mais autoridade do que antes da batalha. Depois da batalha, a confusão e as dificuldades foram ainda maiores do que antes. Por mim, terminarei aqui o meu relato; talvez algum outro se ocupe de sua continuação.

XENOFONTE, Helênicas, VII, 5; 21-27

22. *A Batalha de Metauro*

A BATALHA IA COMEÇAR QUANDO ASDRÚBAL, COM ALGUNS cavaleiros, colocando-se à frente dos porta-bandeiras notou, nas fileiras inimigas, escudos gastos que desconhecia e cavalos extenuados; o exército igualmente lhe parecia mais numeroso. Suspeitando a verdade, fez com que apressadamente fosse soada a retirada, e enviou alguns destacamentos ao rio, de onde os dois exércitos utilizavam água: lá poder-se-ia capturar prisioneiros e em todo caso averiguar se a respiração de alguns não traria uma marcha recente; ordena também seguir de longe todo o contorno do acampamento romano para examinar se os limites não tinham sido alargados em algum ponto, e prestar atenção se a trombeta soava uma ou duas vezes. O relatório detalhado que lhe foi feito ameaçava enganá-lo: os acampamentos efetivamente não tinham sido ampliados; não havia senão o de M. Lívio e o de L. Pórcio, sem ter havido acréscimo de tendas. No entanto, como chefe experiente e amadurecido na luta contra os romanos, espantou-se ao ouvir que os toques, um só no acampamento do pretor, eram dois no do cônsul. Encontravam-se presentes, pois, seguramente os dois cônsules. E ele se perguntava ansiosamente como aquele que fazia frente a Aníbal tinha rompido o contato. Ele estava muito longe de supor a realidade: a de que Aníbal tivera sido enganado até o ponto de ignorar onde estavam o general e o exército cujo acampamento ficava vizinho ao seu: "Com certeza, para que ele não tivesse ousado segui-los, era preciso que tivesse sofrido uma derrota. Não estava então tudo perdido? E será que o socorro que ele lhe trazia não chegava tarde demais? Os romanos já tinham a sorte de seu lado na Itália, como na Espanha..." No entanto, por vezes, pensava que Aníbal não recebera sua carta, e que esta tivera sido interceptada, e que o cônsul tinha acorrido para esmagá-lo, a ele (Asdrúbal). Nesta dolorosa incerteza, ordena a extinção do fogo, e desde a primeira vigília ordena que se arrumem em silêncio as bagagens, e se põe em marcha. Na confusão e desordem da noite, os guias, mal vigiados, tinham fugido: um deles por um esconderijo no qual ele pensara anteriormente, e o outro, que conhecia bem os fundos do vale do Metauro, atravessando o rio a nado. Deste

40 GUERRAS DE CONQUISTA

modo, sem guias, o exército se perde primeiramente no campo: numerosos soldados extenuados das vigílias, estendem-se aqui e ali para dormir, desertando os porta-bandeiras. Asdrúbal, esperando a luz do dia, ordena a caminhada ao longo do rio, e seguindo a esmo as viradas e sinuosidades do seu curso tortuoso, não avança quase nada, mantendo-se sempre pronto para atravessá-lo, assim que alguma claridade lho permitisse. No entanto, quanto mais se afastava do mar, mais se acentuavam as escarpas das ribanceiras, e perdeu assim um dia procurando inutilmente um vau, dando tempo aos romanos para se reaproximarem.

Nero chegou primeiro, com toda a sua cavalaria; atrás dele Pórcio com as tropas ligeiras. Era importunado e molestado por todos os lados este exército extenuado: o Cartaginês, renunciando a uma retirada que parecia uma fuga, decidiu levantar acampamento numa elevação perto do rio, quando chegou Lívio com toda a infantaria pesada, disposta e equipada não para marchar, mas para batalhar imediatamente. Quando todas as tropas romanas tinham se agrupado e formado uma só frente, Cláudio tomou o comando da ala direita e Lívio o da esquerda: o centro foi confiado ao pretor. Asdrúbal, vendo-se obrigado a batalhar, ordena a suspensão dos trabalhos de construção de trincheiras. Na primeira fila, antes dos porta-bandeiras, ele coloca seus elefantes; para protegê-los à esquerda, contra Cláudio, põe os gauleses, não porque tivesse confiança neles, mas porque pensava que os romanos os temessem; para si próprio reservou a ala direita contra M. Lívio, juntamente com os espanhóis, tropas antigas nas quais depositava suas esperanças; os ligurinos se situavam no centro por trás dos elefantes. A linha de batalha era mais extensa que profunda. Uma colina protegia os gauleses.

Foram os espanhóis que iniciaram a batalha contra a ala esquerda dos romanos. Toda a nossa direita se encontrava mobilizada, sem agir; a colina em frente, a impedia de atacar seja de frente seja de lado. A ação tinha-se concentrado, veementemente entre Lívio e Asdrúbal e as perdas eram imensas dos dois lados. Lá estavam os dois generais-chefes, a maior parte da infantaria e cavalaria romanas; lá estavam os espanhóis veteranos, aniquilados pelos métodos romanos de guerra, ligurinos, raça fortalecida pelos combates e ainda os elefantes. Com

GUERRAS DE CONQUISTA 41

o primeiro choque, eles trouxeram a desordem nas linhas de cobertura e haviam abalado inclusive o corpo de batalha; no entanto, no tumulto crescente da confusão e dos clamores, mais difíceis de serem controlados, os elefantes andavam como que incertos quanto a seu donos, no meio dos adversários assemelhando-se a navios sem leme que flutuam à deriva. Cláudio, por sua vez gritando a seus soldados: "Para que serve então tanta pressa numa caminhada tão longa?", tinha-se esforçado em vão, para atingir o topo da colina, que estava à sua frente; vendo que era impossível atingir o inimigo por ali, retira algumas tropas do exército da ala direita, que ele via estar confinado mais a um papel de observação do que de combate, e as envia, passando por trás das primeiras fileiras, até a extremidade oposta. Subitamente, surpreendendo não só o inimigo, mas também os seus, ataca por conversão à esquerda, e, com um vigor fulminante (tendo aparecido de lado para o adversário), quase que imediatamente atacou pela retaguarda. Então, cercados por todos os lados, espanhóis e ligurinos são massacrados; em breve o morticínio tinha atingido os gauleses. Foi ali que houve menor resistência, pois uma grande parte tinha deixado os porta-bandeiras, e tinham-se dispersado durante a noite e deitado para dormir ao acaso nos campos; e aqueles que restavam, esgotados pela caminhada e pelas vigílias, fisicamente incapazes de aguentar a fadiga, com dificuldade sustinham o peso de suas armaduras. E já se estava no meio do dia: a sede e o calor os conduziam ofegantes ao inimigo onde eram massacrados e aprisionados em massa. Quanto aos elefantes, estes foram mortos mais por seus condutores do que pelos romanos. Os condutores dispunham de um cinzel e de um martelo de duas cabeças: assim que vissem seus animais se enfurecerem e se arremessar no meio dos seus, aplicavam o cinzel entre as orelhas e cravavam-no na articulação da cabeça com a nuca, com o golpe mais forte que podiam desferir. Era o meio mais rápido de matar monstros de tal envergadura, quando não mais se pudesse dominá-los. E fora Asdrúbal quem primeiro teve esta ideia.

Este general que celebrizou vários feitos atingiu com esta batalha sua glória suprema. Na sua pessoa, em suas exortações, na sua intrepidez ao enfrentar os perigos, seus soldados encontraram seu sustentáculo; foi ele quem inflamou o cora-

42 GUERRAS DE CONQUISTA

ção dos extenuados e sobreviventes com orações bem como com reprimendas; e foi ele que trazia de volta os fugitivos e em muitas ocasiões restabeleceu o combate. Enfim, quando a sorte se evidenciou, decididamente, estar do lado do adversário, não querendo sobreviver a um exército tão grande que levava seu nome, lançou seu cavalo no meio de um destacamento romano; e lá, como digno de Amílcar e irmão de Aníbal, tombou com as armas na mão.

TITO LÍVIO, XXVII, 47, 1
49,4

23. *A guerra das Gálias*

CÉSAR, VENDO QUE ARIOVISTO PERMANECIA NO SEU CAMPO e o bloqueava, escolheu uma posição vantajosa a uns seiscentos passos dos germanos e para lá levou seu exército, em três linhas. Manteve as duas primeiras em armas e empregou a terceira nas trincheiras. Como dissemos, este lugar estava aproximadamente a seiscentos passos do inimigo. Ariovisto destacou dezesseis mil homens da tropa ligeira e toda a sua cavalaria, com a intenção de atemorizar nossos soldados e interromper os trabalhos. César, seguindo seu plano, mandou as duas primeiras linhas para o combate e a terceira para acabar as obras. Terminadas as trincheiras, César deixa nelas duas legiões com uma parte dos auxiliares e leva as outras quatro de volta para o campo.

No dia seguinte, como costumava, mandou as tropas saírem dos dois campos e, tendo avançado a certa distância do seu, dispô-las para batalha e deu início ao combate. Como o inimigo não se movimentava, mandou seu exército voltar para o campo no meio do dia. Somente então, Ariovisto enviou uma parte dos seus contra o novo campo: o combate foi encarniçado e durou até de noite. Ao pôr do sol, Ariovisto retirou suas tropas, depois de uma grande perda de ambos os lados. César, tendo perguntado aos prisioneiros porque Ariovisto se recusava a batalhar, soube que era costume entre os germanos esperar que as mulheres tivessem consultado a sorte e interrogado o destino para saber se era chegado o momento de combater.

GUERRAS DE CONQUISTA

Elas tinham declarado que os germanos não poderiam ser vencedores se combatessem antes da lua nova.

No outro dia, deixando nos dois campos uma guarda suficiente, César dispôs, à vista dos inimigos, todas as tropas auxiliares no novo campo: como o número dos legionários era inferior ao dos inimigos, ele se valia de seus aliados para mostrar suas forças. Em seguida, dispôs o exército em três linhas e marchou para o campo de Ariovisto. Não podendo mais evitar o combate, os germanos enfim saíram e colocaram-se em ordem, nação por nação, os harudes, os marcomanos, os tribocos, os vangiones, os nêmetas, os sedúsios, os suevos: para não terem nenhuma esperança de fugir, formaram em volta uma barreira com seus carros: do alto deles, as mulheres em pranto estendiam os braços para seus esposos, implorando para não ser entregues à servidão dos romanos.

No comando de cada legião, César pôs um lugar-tenente e um questor, para que cada um pudesse testemunhar a coragem do outro; ele começou o ataque pela ala direita onde o inimigo parecia mais vulnerável. Quando o sinal foi dado, nossas tropas precipitaram-se com tanta impetuosidade, o inimigo avançou com tanta rapidez, que não deu tempo de arremessar lanças: foi com espadas que continuaram o combate. Os germanos, conforme seu costume, dispuseram-se rapidamente em falange para resistir ao nosso choque. Então, podia-se ver vários dos nossos soldados, que se tinham lançado entre as falanges, rejeitarem seus escudos e lutarem desprotegidos. Enquanto a ala esquerda do inimigo estava destroçada e compelida a fugir, à direita, os nossos eram premidos pelo número. Vendo essa situação, o jovem P. Crasso que comandava a cavalaria e não estava combatendo, mandou a terceira linha para socorrer nossos soldados em dificuldade.

Depois, recomeçou o combate, todos os inimigos fugiram e só se detiveram no Reno, a cinquenta mil passos do campo de batalha. Alguns, confiando na sua força, tentaram passar a nado, ou escaparam em embarcações encontradas na margem. Assim fez Ariovisto: achou um barco amarrado à beira do rio e fugiu. Os outros foram destroçados pela cavalaria que os perseguia. Ariovisto tinha duas mulheres, uma sueva que trouxera de sua pátria, e a outra da Nórica, irmã do rei Vócio que lha tinha mandado à Gália onde a desposou: ambas morreram quando fugiam. Elas tinham duas filhas; uma foi morta, outra feita prisioneira. C. Valério Procilo era levado por guardas, amarrado com três correntes, quando caiu nas mãos do próprio César que perseguia o inimigo com seus cavaleiros. Foi para César um prazer igual ao da vitória arrancar das mãos do inimigo o homem mais ilustre da província, seu amigo e hóspede, sem que uma perda tão lastimável viesse alterar sua alegria e seu triunfo. Procilo contou-lhe que tinha visto consultar a sorte três vezes para decidir se seria queimado imediatamente ou se seu suplício seria adiado; e que, três vezes, a sorte o tinha salvo. M. Métio foi também encontrado e levado para César.

Quando se soube dessa vitória, do outro lado do Reno, os suevos, que já tinham alcançado as margens do rio, voltaram para sua terra. Os úbios, vizinhos da ribanceira, aproveitando o medo destes, perseguiram-nos e mataram um grande número. César, terminando assim duas grandes guerras numa só campanha, deixou o exército em quartel de inverno entre os séquanos, um pouco antes do tempo normal. Ele entregou o comando para Labieno e foi participar de assembleias na Gália Citerior.

CÉSAR, De Bello Gallico, I, XLIX-LIX

Mitos, Hinos e Culto

24. *O dilúvio sumério*

"MINHA HUMANIDADE, EM SUA DESTRUIÇÃO EU VOU...,
(Aproximadamente as primeiras 37 linhas destruídas)
Para Mintu eu vou devolver o... de minhas criaturas,
Eu vou devolver o povo *aos* seus *povoados*, (40)
Das cidades, em verdade eles construirão seus *lugares de*
(divinos) rituais, eu farei pacífica sua sombra,
De *nossas* casas, em verdade eles assentarão seus tijolos
em lugares puros,
Os lugares de nossas decisões em verdade eles estabelecerão
em lugares puros."
Ele dirigiu o... *dos lugares sagrados*
Aperfeiçoou os ritos (e) as exaltadas (divinas) ordenações,
Na terra ele... ou, colocou o... ali.
Depois que Anu, Enlil, Enki, e Ninhursag
Haviam modelado (o povo) cabeça-negra
A *vegetação exuberou* da terra,
Animais, (criaturas) quadrúpedes da planície, foram
habilmente criados. (50)
(Aproximadamente 37 linhas destruídas)
Depois que... da realeza havia sido baixado do céu,
Depois que a exaltada [tiara] (e) o trono da realeza haviam
sido baixados do céu,
Ele [ape]rfeiçoou os [ritos (e) as ex]altadas [(divinas)
ordenações]...,
Fundou as [cinco] ci[dades] em... p[uros lugares],
D[eu]-lhes nomes, [aqui]nhoou-as *como centros de [cul]to.*

46   MITOS, HINOS E CULTO

A *primeira* destas cidades, Eridu, ele deu a Nudimmud, o
    líder,
A segunda, Badtibira, ele deu para...,
A terceira, Larak, ele deu a Endurbilhursag,
A quarta, Sippar, ele deu ao herói Utu,
A quinta, Shuruppak, ele deu a Sud.
Quando ele havia denominado estas cidades, aquinhoado-as
    como centros de culto,
ele *trouxe*...,
Instituiu a *limpeza* dos pequenos rios *como*...   (100)
(Aproximadamente 37 linhas destruídas)
A enchente...
...
Assi[m f]oi tratada...
Então Nin[tu *chorou*] como uma...,
A pura Inanna [soltou] um lamento por *sua* gente,
Enki acon[selhou]-se consigo mesmo,
Anu, Enlil, Enki, (e) Ninhursag...,
Os deuses do céu e da terra [proferiram] o nome de
    Anu (e) Enlil.
Então Ziusudra, o rei, o *pasisu* [de]...,
Construiu gigantesco...;
Humildemente obediente, *reverentemente* [ele]...,
Comparecendo diariamente, constantemente [ele]...,
Gerando todos os tipos de sonhos, [ele]...,
Proferindo o nome do céu (e) da terra, [ele]...   (150)
... aos deuses um *muro*...,
Ziusudra, de pé ao *seu* lado, ouv[iu].
"Fique *ao lado do muro* no meu lado esquerdo...,
Ao lado do muro eu te direi uma palavra, [acredite-me],
[Dê] ouvidos à minha instrução:
Pelo nosso... uma inundação [varrerá] por sobre os
    centros de culto;
Para destruir a semente da humanidade...,
É a decisão, a ordem da assembleia [dos deuses].
Pela ordem comandada por Anu (e) Enlil...,
Sua realeza, seu comando [*terão um fim*]."   (160)
(Aproximadamente 40 linhas destruídas)
Todas as tempestades de vento, extremamente poderosas,
    atacaram como se uma fossem,
Ao mesmo tempo, a inundação varre por *sobre os centros
    de culto*.

MITOS, HINOS E CULTO 47

Depois que, por sete dias (e) sete noites,
A enchente havia *varrido por sobre* a terra
(E) o enorme barco havia sido jogado em todas as direções
 pelas tempestades de vento nas grandes águas,
Utu surgiu, vertendo luz no Céu (e) na Terra.
Ziusudra abriu uma *janela do* enorme barco,
O heróí Utu *trouxe seus raios para dentro* do gigantesco barco.
Ziusudra, o rei,
Prostrou-se ante Utu,
O rei mata um boi, *abate* um carneiro.
(Aproximadamente 39 linhas destruídas)
"Vós direis 'sopro do céu' 'sopro da terra', verdadeiramente
 isto se *estenderá* pelo *seu...*" (251)
Anu (e) Enlil pronunciaram "sopro do céu", "sopro da terra",
 pelos seus..., isto se espalhou.
A vegetação, saindo da terra, cresce.
Ziusudra, o rei,
Prostrou-se ante Anu (e) Enlil.
Anu (e) Enlil adoraram Ziusudra,
Uma vida como (de) um deus dão-lhe,
Sopro eterno como (de) um deus eles lhe *trazem.*
Então, Ziusudra, o rei,
O *preservador do nome da vegetação (e)* da semente da
 humanidade.
Na terra *da travessia*, a terra de Dilmun, o lugar onde nas-
 ce o sol, eles começaram a morar.
(Restante da tabuleta, cerca de 39 linhas do texto, destruído.)

ANET, 42-44

25. *A arca de Noé*

VIU DEUS A TERRA, E EIS QUE ESTAVA CORROMPIDA; PORQUE
todo ser vivente havia corrompido o seu caminho na
terra.
 Então disse Deus a Noé: Resolvi dar cabo de toda a carne, porque a terra está cheia de violência dos homens: eis
que os farei perecer juntamente com a terra.
 Faze uma arca de tábuas de cipreste; divide-a em com-
partimentos, calafetados com betume por dentro e por fora.

48 MITOS, HINOS E CULTO

Deste modo a farás: de trezentos côvados será o comprimento, de cinquenta a largura, e a altura de trinta.

Farás ao seu redor uma abertura de um côvado de alto; a porta da arca colocarás lateralmente; farás três pavimentos na arca.

Porque estou para derramar águas em dilúvio sobre a terra para consumir toda carne em que há fôlego de vida debaixo dos céus: tudo o que há na terra perecerá.

Contigo, porém, estabelecerei a minha aliança; entrarás na arca, tu e teus filhos, e tua mulher, e as mulheres de teus filhos.

De tudo o que vive, de toda carne, dois de cada espécie, macho e fêmea, farás entrar na arca, para os conservares vivos contigo.

Das aves segundo as suas espécies, do gado segundo as suas espécies, de todo réptil da terra segundo as suas espécies, dois de cada espécie virão a ti, para os conservares em vida.

Leva contigo de tudo o que se come, ajunta-o contigo; ser-te-á para alimento, a ti e a eles.

Assim fez Noé, consoante a tudo o que Deus lhe ordenara.

Disse o Senhor a Noé: Entra na arca, tu e toda a tua casa, porque reconheço que tens sido justo diante de mim no meio desta geração.

De todo animal limpo levarás contigo sete pares: o macho e sua fêmea; mas dos animais imundos, um par: o macho e sua fêmea.

Também das aves dos céus sete pares: macho e fêmea; para se conservar a semente sobre a face da terra.

Porque, daqui a sete dias, farei chover sobre a terra durante quarenta dias e quarenta noites; e da superfície da terra exterminarei todos os seres que fiz.

E tudo fez Noé, segundo o Senhor lhe ordenara.

Tinha Noé seiscentos anos de idade, quando as águas do dilúvio inundaram a terra.

Por causa das águas do dilúvio, entrou Noé na arca com seus filhos, sua mulher e as mulheres de seus filhos.

Os animais limpos, e os animais imundos, e as aves, e todo réptil sobre a terra, entraram na arca, de dois em dois, macho e fêmea, como Deus ordenara a Noé.

E aconteceu que, depois de sete dias, vieram sobre a terra as águas do dilúvio.

MITOS, HINOS E CULTO 49

No ano seiscentos da vida de Noé, aos dezessete dias do segundo mês, romperam-se todas as fontes do grande abismo, e as comportas dos céus se abriram, e houve copiosa chuva sobre a terra durante quarenta dias e quarenta noites.

Nesse mesmo dia entraram na arca Noé, seus filhos Sem, Cam e Jafé, sua mulher e as mulheres de seus filhos; eles, e todos os animais segundo as suas espécies, todo gado segundo as suas espécies, todos os répteis que rastejam sobre a terra segundo as suas espécies, todas as aves segundo as suas espécies, todos os pássaros, e tudo o que tem asa.

De toda carne, em que havia fôlego de vida, entraram de dois em dois, macho e fêmea, para Noé na arca, como Deus lhe havia ordenado; e o Senhor fechou a porta atrás dele.

Durou o dilúvio quarenta dias sobre a terra; cresceram as águas e levantaram a arca de sobre a terra.

Predominaram as águas, e cresceram sobremodo na terra; a arca, porém, vogava sobre as águas.

Prevaleceram as águas excessivamente sobre a terra, e cobriram todos os altos montes que havia debaixo do céu.

Quinze côvados acima deles prevaleceram as águas; e os montes foram cobertos.

Pereceu toda carne que se movia sobre a terra, tanto de ave como de animais domésticos e animais selvagens, e de todos os enxames de criaturas que povoam a terra, e todo homem.

Tudo o que havia fôlego de vida em suas narinas, tudo o que havia em terra seca, morreu.

Assim foram exterminados todos os seres que havia sobre a face da terra, o homem e o animal, os répteis, e as aves dos céus, foram extintos da terra; ficou somente Noé, e os que com ele estavam na arca.

E as águas durante cento e cinquenta dias predominaram sobre a terra.

Lembrou-se Deus de Noé, e de todos os animais selvagens e de todos os animais domésticos que com ele estavam na arca; Deus fez soprar um vento sobre a terra e baixaram as águas.

Fecharam-se as fontes do abismo e também as comportas dos céus, e a copiosa chuva dos céus se deteve.

As águas iam-se escoando continuamente de sobre a terra, e minguaram ao cabo de cento e cinquenta dias.

50   MITOS, HINOS E CULTO

No dia dezessete do sétimo mês, a arca repousou sobre as montanhas de Ararate.

E as águas foram minguando até o décimo mês, em cujo primeiro dia apareceram os cumes dos montes.

Ao cabo de quarenta dias, abriu Noé a janela que fizera na arca, e soltou um corvo, que saía e voltava até que se secaram as águas de sobre a terra.

Depois soltou uma pomba para ver se as águas teriam já minguado da superfície da terra; mas a pomba, não achando onde pousar o pé, tornou à arca; porque as águas cobriam ainda a terra. Noé, estendendo a mão, tomou-a e a recolheu consigo na arca.

Esperou ainda outros sete dias, e de novo soltou a pomba.

À tarde ela voltou; trazia no bico uma folha nova de oliveiras. Assim entendeu Noé que as águas tinham minguado de sobre a terra.

Então esperou ainda mais sete dias, e soltou a pomba; ela, porém, já não tornou a ele.

Sucedeu que, no primeiro dia do primeiro mês, do ano seiscentos e um, as águas secaram sobre a terra. Então Noé removeu a cobertura da arca, e olhou, e viu que o solo estava enxuto.

E aos vinte e sete dias do segundo mês, a terra estava seca.

Então disse Deus a Noé:

Sai da arca, e, contigo, tua mulher, e teus filhos, e as mulheres de teus filhos.

Os animais que estão contigo, de toda carne, assim aves, como gado, e todo réptil que rasteja sobre a terra, faze sair a todos, para que povoem a terra, sejam fecundos, e nela se multipliquem.

Saiu, pois, Noé, com seus filhos, sua mulher, e as mulheres de seus filhos.

E também saíram da arca todos os animais, todos os répteis, todas as aves, e tudo o que se move sobre a terra, segundo as suas famílias.

Noé levantou um altar ao Senhor e, tomando de animais limpos e de aves limpas, ofereceu holocaustos sobre o altar.

E o Senhor aspirou o suave cheiro, e disse consigo mesmo: Não tornarei a amaldiçoar a terra por causa do homem,

MITOS, HINOS E CULTO 51

porque é mau o desígnio íntimo do homem desde a sua mocidade; nem tornarei a ferir todo vivente, como fiz.
Enquanto durar a terra não deixará de haver sementeira e ceifa, frio e calor, verão e inverno, dia e noite.

GÊNESIS 6, 12 – 22
7, 1 – 24
8, 1 – 22

26. *O nascimento de Sargão*

SARGÃO, O PODEHOSO REI, DE AGADE, EU SOU.
Minha mãe foi uma *substituída*, meu pai eu não conheci.
O(s) irmão(s) de meu pai *amavam* as montanhas.
Minha cidade é Azupiranu, que está situada às margens do Eufrates.
Minha mãe *substituída* concebeu-me, secretamente ela me fez nascer.
Ela me colocou numa cesta de junco, com betume ela selou minha tampa.
Ela me jogou ao rio que não me cobriu.
O rio me conduziu e me levou até Akki, o tirador de água.
Akki, o tirador de água, retirou-me quando mergulhava seu ja[r]ro.
Akki, o tirador de água, [tomou-me] *como* seu filho (e) criou-me. (10)
Akki, o tirador de água, nomeou-me seu jardineiro.
Enquanto eu era jardineiro, Ishtar concedeu-me (seu) amor,
E por quatro e [...] anos eu exerci a realeza.
O [povo] cabeça-negra eu comandei, eu gov[ernei];
Poderosas [mon]tanhas com enxós de bronze eu conquistei,
As cordilheiras mais altas eu escalei,
Os vales eu [atrav]essei,
As [*terra*]s do mar três vezes circundei.
Dilmun minha [mão] cap[turou],
[Ao] grande Der eu [subi], eu [...], (20)
[...] eu alterei e [...].
Qualquer seja o rei que possa vir depois de mim,
[...],

52   MITOS, HINOS E CULTO

Deixe que ele c[omande, deixe que ele governe] o [po]vo
   cabeça-negra;
[Deixe que ele conquiste] poderosas [montanhas] com
   enxó[s de bronze],
[Deixe] que ele escale as cordilheiras mais altas,
[Deixe que ele atravesse os vales mais profundos],
Deixe que ele circunde as [ter]ras do mar três vezes!
[Dilmun deixe que sua mão capture],
Deixe que ele suba [ao] grande Der e [...]!   (30)
[...] da minha cidade, Aga [de...]
[...] ... [...].
(Restante quebrado)

ANET, 119

27. *O nascimento de Moisés*

F OI-SE UM HOMEM DA CASA DE LEVI E CASOU COM UMA
descendente de Levi.
   E a mulher concebeu e deu à luz um filho; e, vendo
que era formoso, escondeu-o por três meses.

Não podendo, porém, escondê-lo por mais tempo, tomou um cesto de junco, calafetou-o com betume e piche,
e, pondo nele o menino, largou-o no carriçal à beira do rio.

Sua irmã ficou de longe, para observar o que lhe have-
ria de suceder.

Desceu a filha de Faraó para se banhar no rio, juntamente com suas donzelas que passeavam pela beira do rio; vendo
ela o cesto no carriçal, enviou a sua criada, e o tomou.

Abrindo-o viu a criança que chorava. Teve compaixão
dele, e disse: Este é menino dos hebreus.

Então disse a irmã do menino à filha de Faraó: Queres
que eu vá chamar uma das hebreias que sirva de ama e te
crie a criança?

Respondeu-lhe a filha de Faraó: Vai. Saiu, pois, a moça,
e chamou a mãe do menino.

Então lhe disse a filha de Faraó: Leva este menino, e
cria-o; pagar-te-ei o teu salário. A mulher tomou o menino
e o criou.

MITOS, HINOS E CULTO 53

Sendo o menino já grande, ela o trouxe à filha de Faraó, da qual passou ele a ser filho. Esta lhe chamou Moisés, e disse: Porque das águas o tirei.

ÊXODO 2, 1 – 10

28. *O aparecimento dos deuses gregos*

N O PRINCÍPIO ERA O NADA. DEPOIS, A TERRA DE LARGOS flancos, assento infalível de todas as coisas para sempre... e o Amor, o mais belo entre os deuses imortais. Ele rompe os membros e, no seio de todos os deuses, como de todos os homens, doma o espírito e a sábia vontade. Do Nada, nasceram Erebos e a negra Noite... Primeiro a Terra concebeu, grande como ela, o Céu estrelado, capaz de cobri-la inteira, o qual ia ser para os deuses bem-aventurados um assento infalível para sempre. Em seguida, concebeu os altos montes, aprazíveis moradas das deusas, as Ninfas, que vivem nos montes ondulados. Em seguida deu à luz o mar infecundo, de ondas impetuosas, o Largo, sem ajuda do terno amor. Em seguida, tendo-se unido ao Céu, deu à luz o Oceano de torvelinhos profundos, Coios, Crios, Hyperion, Iapetos, Theia, Rheia, Themis, Mnemósina, Phoibe com a coroa de ouro e a amável Tétis. Depois deles, nasceu Cronos, o mais jovem, de espírito manhoso, o mais terrível de seus filhos. E seu vigoroso pai tornou-se objeto de seu ódio...

Os filhos da Terra e do Céu eram os mais terríveis dos filhos e o próprio pai odiava-os desde o primeiro dia. Assim que nasciam, ele os escondia todos, sem deixá-los ver a luz, no seio da Terra. Ele, o Céu, tinha prazer nessa malvadeza. Mas, em suas entranhas, a enorme Terra gemia. Ela sufocava. Ocorreu-lhe à mente um pérfido e maligno artifício. Logo ela criou o branco aço, fabricou uma grande foice e dirigiu-se a seus filhos. Para dar-lhes coragem, ela disse, com o coração magoado: "Filhos nascidos de mim e de um pai insensato, segui meu conselho, façamos que vosso pai pague pela maldade de seus ultrajes, pois foi ele o primeiro a conceber atos infames." Assim falou. O terror invadiu a todos. Nenhum deles pronunciou uma palavra. O único que teve coragem, o grande Cronos,

54 MITOS, HINOS E CULTO

de espírito manhoso, dirigiu à sua nobre mãe as seguintes palavras: "Mãe, eu te prometo, sou eu que farei o trabalho. Não considero um pai cujo nome me é odioso, pois foi ele o primeiro a conceber atos infames." Assim falou. Um grande júbilo encheu o espírito da enorme Terra. Ela escondeu o filho, deixando-o à espreita. Depois, ela lhe entregou a foice de dentes agudos e expôs toda a cilada. E ele, o vasto Céu, veio, trazendo a noite. Envolvendo a Terra, pleno do desejo de amor, ele se aproximava e se estendia por toda parte. Mas o filho, de tocaia, avançou a mão esquerda, e com a direita tomou a enorme e longa foice de dentes agudos. De um golpe, castrou o pai, atirando as partes genitais para trás, sem olhar.

HESÍODO, Teogonia
116 – 138
154 – 182

29. Rômulo e Remo

AMÚLIO EXPULSA SEU IRMÃO E APODERA-SE DO TRONO. Depois deste crime, cometeu outro: ele extermina todos os filhos varões do irmão e, sob o pretexto de honrar sua sobrinha Reia Sílvia colocando-a entre as vestais, ele lhe tira toda esperança de se tornar mãe, condenando-a à virgindade perpétua.

Mas acredito que o destino estava encarregado da fundação de uma cidade tão poderosa: era a ele que cabia lançar os alicerces desse vasto império que iguala o dos deuses. A vestal que se tornara mãe pela violência, deu à luz dois filhos e, seja por convicção, seja para enobrecer sua culpa atribuindo-a a um deus, designou Marte para a duvidosa paternidade. Contudo, nem os deuses, nem os homens puderam salvar a mãe e os filhos da crueldade do rei. Acorrentada, a sacerdotisa é colocada na prisão e manda-se jogar os filhos no rio. O acaso ou a bondade dos deuses fez com que as águas do Tibre, estagnadas nas margens, não chegassem até o curso normal do leito; porém, aos executantes das ordens reais, as águas, apesar da lentidão da corrente, pareceram suficientes para submergir as crianças. Persuadidos de ter cumprido sua missão, eles as dei-

MITOS, HINOS E CULTO 55

xam à beira do rio, no lugar onde hoje está a figueira ruminal (Romulário). Todos estes lugares eram então vastos ermos. Conta-se que a água pouco profunda fez flutuar logo o berço que continha as crianças; que, ouvindo o ruído de seus vagidos, uma loba vinda com sede das montanhas vizinhas se desviou de seu caminho e se deitou para dar-lhes de mamar com tanta doçura a ponto de lamber as criancinhas, como testemunhou o chefe dos pastores do rei. Este homem chamava-se Fáustolo. Levou-as para casa e encarregou sua mulher Laurentia de criá-las. Outros contam que Laurentia era uma prostituta que os pastores chamavam de Loba: eis o fundamento da tradição milagrosa. Tais foram o nascimento e a educação destas crianças. Depois de crescerem, elas não se amoleceram na ociosidade habitual dos pastores. A caça levou-as às florestas vizinhas. Dotadas de um corpo robusto, de uma alma intrépida, não se limitaram a domesticar animais selvagens; atacaram ladrões carregados do produto de seus roubos, partilhando com os pastores cujo número aumentava cada dia, graças aos jovens que se associavam a seus trabalhos e a seus prazeres.

TITO LÍVIO, I, 3-4 passim

30. *Hino a Ishtar*

LOUVADA SEJA A DEUSA, A MAIS PODEROSA DAS DEUSAS. Que se venere a soberana dos povos, a favorita dos Igigi. Louvada seja Ishtar, a mais poderosa das deusas. Que se venere a rainha das mulheres, a favorita dos Igigi.

Ela está vestida de prazer e amor.
Ela está carregada de vitalidade, fascínio e volúpia.
Ishtar está vestida de prazer e amor.
Ela está carregada de vitalidade, fascínio e volúpia.

Nos lábios ela é doce; a vida está em sua boca.
Quando ela surge a alegria se completa.
Ela é maravilhosa; véus são jogados por sobre sua cabeça.
Seu corpo é lindo; seus olhos, brilhantes.

56   MITOS, HINOS E CULTO

A deusa – com ela há desígnios.
O destino de tudo ela segura em sua mão.
A um olhar seu cria-se a alegria,
Poder, esplendor, deidade protetora e espírito guardião.

Ela insiste, ela dá importância à compaixão e à amizade.
Além do mais, ela é realmente aprazível.
Seja escrava, jovem solteira, ou mãe, ela (a) protege.
Recorre-se a ela; dentre as mulheres seu nome é invocado.

Quem – à sua grandeza quem pode igualar-se?
Poderosos, enérgicos, esplêndidos são seus comandos.
Ishtar – à sua grandeza quem pode igualar-se?
Poderosos, enérgicos, esplêndidos são seus comandos.

Ela é procurada dentre os deuses; extraordinária é sua posição.
Respeitada é sua palavra; esta é *suprema* para eles.
Ishtar dentre os deuses, extraordinária é sua posição.
Respeitada é sua palavra; esta é *suprema* para eles.

Ela é sua rainha; eles continuamente fazem com que seus
    comandos sejam executados.
Todos se curvam ante ela.
Eles se iluminam ante ela.
Homens e mulheres realmente a veneram.

Na assembleia deles sua palavra poderosa é dominante.
Ante Anu, seu rei, ela os defende plenamente.
Ela se apoia em inteligência, habilidade, (e) sabedoria.
Eles se aconselham mutuamente, ela e seu senhor.

Na verdade eles ocupam a sala do trono conjuntamente.
No divino aposento, morada da alegria,
Ante eles os deuses ocupam seus lugares.
As suas elocuções suas atenções estão voltadas.

O rei, seu favorito, querido de seus corações,
Magnificamente lhes oferece seus puros sacrifícios.
Ammiditana, como a pura oferenda de suas mãos,
Traz ante eles gordos bois e gazelas.

MITOS, HINOS E CULTO

De Anu, seu consorte, ela teve o prazer de pedir para ele
Uma duradoura, uma longa vida.
Muitos anos de vida, para Ammiditana
Ela concedeu, Ishtar deliberou dar.

Por suas ordens ela submeteu a ele
As quatro regiões do mundo a seus pés;
E a totalidade de todos povos
Ela decidiu submeter a seu jugo.

ANET, 383

31. *Salmo 126*

QUANDO O SENHOR RESTAUROU NOSSA SORTE
tudo nos pareceu um sonho.

O nosso rosto encheu-se de alegria
A nossa boca de riso
Os outros povos diziam
"Grandes coisas fez o Senhor com eles"
Sim, maravilhas fez o Senhor conosco,
Por isso estamos felizes.

Muda Senhor, agora também, a nossa sorte
como as torrentes repentinas
no seco solo do Neguev.
Quem semeia com lágrimas
colhe com alegria.

Aquele que sai andando
e chora enquanto semeia
À volta, estará cantando
carregando sua colheita.

SALMO 126

32. *Hino a Aton*

AMANHECES FORMOSO NO HORIZONTE CELESTE,
Tu, vivente Aton, princípio da vida!
Quando surgiste no horizonte do oriente
Inundaste toda a terra com tua beleza.
És belo, grande, resplandecente e sublime sobre toda a terra;
Teus raios invadem as terras até o limite de tudo o que fizeste:
Sendo Ré, alcanças o fim delas,
Subjuga-as para teu filho predileto.
Embora estejas longe, teus raios estão na terra;
Embora toques as faces dos homens, ninguém conhece o teu
   destino.

Quando adormeces no horizonte ocidental,
A terra escurece, como se estivesse morta.
Eles dormem num quarto, as cabeças cobertas,
Os olhares não se cruzam.
Todas as riquezas que se encontram ao seu redor poderiam
   ser roubadas,
E eles nem o notariam.
Cada leão sai do seu covil;
Tudo o que rasteja, pica.
A escuridão é uma mortalha e a terra repousa no silêncio,
Porque ele que os fez, descansa no horizonte.

Ao amanhecer, quando despontas no horizonte,
Quando fulguras como Aton do dia,
Expulsas a escuridão e ofereces teus raios.
As Duas Terras estão em festa todo o dia,
Acordadas e de pé
Porque tu as levantaste.
Lavando seus corpos, vestindo-as
Seus braços erguem-se em louvor à sua presença.

Todo o mundo faz sua tarefa.
Todos os animais estão satisfeitos com suas pastagens;
Árvores e plantas florescem.
Os pássaros que voam de seus ninhos,

Têm as asas abertas em louvor ao seu Ka.
Todos os animais saltam sobre seus pés.
Tudo que voa e brilha,
Vive quando surgiste para eles.
Os navios viajam para o norte e para o sul,
Pois todo o caminho se abre à tua presença.
O peixe no rio lança-se perante tua face;
Teus raios estão no meio do grande oceano verde.

Criador da semente nas mulheres,
Tu que transformas o fluido em homem
Que manténs o filho no ventre materno,
Que o acalmas com aquilo que cessa seu pranto,
Que o acaricias mesmo no útero,
Que sustentas com teu sopro tudo que ele fez!
Quando ele sai do ventre e passa a respirar
No dia em que nasce,
Tu lhe abres a boca completamente,
Supre suas necessidades.
Quando o pintinho, no ovo, fala de dentro da casca,
Tu lhe dás respiração para mantê-lo.
Quanto terminaste sua estrutura, dentro do ovo, para quebrá-lo,
Ele surge do ovo para falar, terminado o prazo;
Caminha com seus próprios pés, quando sai dali.

Como são múltiplas as coisas que fizeste!
Estão ocultas da face do homem.
Ó Deus único, nenhum outro se te iguala!
Tu próprio criaste o mundo de acordo com tua vontade,
Enquanto ainda estavas só:
Todos os homens, gado e animais selvagens
Tudo que na terra caminha sobre seus próprios pés,
E o que fica nas alturas, voando por suas próprias asas.

Nas terras da Síria e Núbia e a terra do Egito,
Colocaste cada homem em seu lugar,
Supriste suas necessidades:
Cada um tem seu sustento e seu tempo de vida é calculado.
Estão separados por seus idiomas,
Assim como por suas naturezas;
Suas peles são distintas,

60   MITOS, HINOS E CULTO

Porque distinguiste os povos estrangeiros.
Fizeste o Nilo abaixo do solo,
Trouxeste-o à luz, quando o desejaste,
Para alimentar o povo do Egito
Conforme o fizeste especialmente para ti,
O Senhor de todos, cansando-se com eles,
O Aton do dia, gloriosa Majestade.

Em todas as terras estrangeiras distantes, tu manténs a vida,
Já que colocaste um Nilo no céu,
Para que desça em benefício deles e erga ondas nas monta-
    nhas,
Como o grande oceano verde,
Para irrigar seus campos nas aldeias.
Quão efetivos são teus planos, Ó Senhor da eternidade!
O Nilo no céu, é destinado aos povos estrangeiros
E aos animais de todos os desertos, que caminham sobre
    seus próprios pés;
Enquanto que o verdadeiro Nilo surge do subterrâneo para
    o Egito.

Teus raios alimentam cada prado.
Quando surges, eles vivem, crescendo para ti.
Tu fazes as estações a fim de cultivar tudo o que fizeste,
O inverno para refrescá-los,
O calor para que te sintam a ti.
Fizeste o céu distante para ali te elevar,
E para abarcar tudo o que fizeste.
No tempo em que estavas só,
Surgindo na tua forma Aton vivente,
Aparecendo, brilhando, recuando ou aproximando,
Criaste milhões de formas para tua presença.
Cidades, aldeias, campos, estrada e rio –
Cada olho te enxerga à sua frente,
Porque és o Aton do dia sobre a terra...

Estás no meu coração,
E nenhum outro conhece a ti
Exceto teu filho, Nefer-Kheperu-Be Wa-En-Ré,
Porque o fizeste ciente de teus planos e de tua força.

MITOS, HINOS E CULTO   61

O mundo tornou-se realidade através de tuas mãos,
De acordo com o que fizeste.
Quando surges, eles vivem,
Quando te pões, eles morrem.
Tu és o tempo de vida,
Pois só se vive através de ti.
Os olhos fixam a beleza até que te pões.
Todo o trabalho é abandonado quando te pões no ocidente.
Mas quando despontas novamente,
Tudo é feito para florescer para o rei,...
Uma vez que fundaste a terra para teu filho
Que saiu do teu corpo,
O Rei do Alto e Baixo Egito,... Akh-en-Aton,...
e a grande mulher do rei... Nefert-iti,
Em vida e juventude para todo o sempre.

IKHNATON, Hino a Aton

33. *Visão de Ísis*

A ESPESSA MASSA DE SEUS CABELOS LEVEMENTE ANELADOS, se espalhava, abandonada, em ondas suaves, sobre seu pescoço divino; uma coroa de flores variadas, trançadas de mil maneiras envolviam sua cabeça; e, no centro, em cima da testa brilhante, se destacava uma esfera em forma de espelho, ou melhor, uma luz de um branco puro onde se reconhecia a Lua. Com as cabeças erguidas, serpentes apertavam seus dois braços que abrigavam espigas de trigo. Ela trajava um vestido de linho muito fino, furta-cor, que ia de uma brancura viva e luminosa, a um amarelo como a flor do açafrão, bem como tendia para um vermelho-chama; e, para me ofuscar ainda mais, estava envolvida por um longo véu de um negro profundo, cujo esplendor sóbrio brilhava; este véu passava sobre o quadril direito e subia, formando uma espécie de laço, até seu ombro esquerdo, sobre o qual pendia um de seus panos, enquanto que na frente caía em múltiplas pregas, enfeitadas por franjas tran-çadas, que flutuavam graciosamente; em toda a sua extensão, até a extremidade, ele estava semeado de estrelas cintilantes, no centro das quais a Lua resplandecia como fogo vivo. Toda a curva envolvente deste maravilhoso véu era acompanhado de uma guirlanda contínua, onde se alinhavavam todas as espécies de flores e frutos. Além disso, ela segurava objetos bem diversos: na mão direita um sistro de bronze, cujo encaixe estreito, curvo como um talim, era atravessado por algumas barras, que sacudidas três vezes emitiam um som claro. Na esquerda, um vaso de ouro, do qual se via parcialmente a asa em forma de áspide, de cabeça e pescoço erguidos. Seus pés imortais estavam envolvidos por calçados feitos de louros de vitória. Desse modo, na sua sublimidade, exalando o perfume da Arábia Feliz, ela se dignou a dirigir-me estas palavras divinas: "Eis-me aqui, Lúcio, suas orações me comoveram. Sou a Mãe-Natureza, Senhora dos Elementos, primeira geradora dos séculos; a maior das potências divinas, a rainha dos mares, a primeira entre as habitantes do Céu, a forma única onde se refletem todos os deuses e todas as deusas..."

APULEIO, Metamorfoses, XI, 3-5

34. *O culto mosaico*

E NTÃO DISSE DEUS:
   Eu sou o Senhor teu Deus, que te direi da terra do Egito, da casa da servidão.

Não terás outros deuses diante de mim.

Não farás para ti imagem de escultura, nem semelhança alguma do que há em cima nos céus, nem em baixo na terra, nem nas águas debaixo da terra.

Não as adorarás, nem lhes darás culto; porque eu sou o Senhor teu Deus, Deus zeloso, que visito a iniquidade dos pais nos filhos até a terceira e quarta geração daqueles que me aborrecem, e faço misericórdia até mil gerações daqueles que me amam e guardam os meus mandamentos.

Não tomarás o nome do Senhor teu Deus em vão, porque o Senhor não terá por inocente o que tomar o seu nome em vão.

MITOS, HINOS E CULTO

Lembra-te do dia de sábado, para o santificar.
Seis dias trabalharás e farás toda a tua obra.
Mas o sétimo dia é o sábado do Senhor teu Deus; não farás nenhum trabalho, nem tu, nem teu filho, nem tua filha, nem o teu servo, nem a tua serva, nem o teu animal, nem o forasteiro das tuas portas para dentro; porque em seis dias fez o Senhor os céus e a terra, o mar e tudo o que neles há, e ao sétimo dia descansou: por isso o Senhor abençoou o dia de sábado, e o santificou.

Honra a teu pai e à tua mãe, para que se prolonguem os teus dias na terra que o Senhor teu Deus te dá.

Não matarás.

Não adulterarás.

Não furtarás.

Não dirás falso testemunho contra o teu próximo.

Não cobiçarás a casa do teu próximo. Não cobiçarás a mulher do teu próximo, nem o seu servo, nem a sua serva, nem o seu boi, nem o seu jumento, nem coisa alguma que pertença ao teu próximo.

Todo o povo presenciou os trovões e os relâmpagos, e o clangor da trombeta, e o monte fumegante: e o povo, observando, estremeceu e ficou de longe.

Disseram a Moisés: Fala-nos tu, e te ouviremos; porém não fale Deus conosco para que não morramos.

Respondeu Moisés ao povo: Não temais; Deus veio para vos provar, e para que o seu temor esteja diante de vós, a fim de que não pequeis.

O povo estava de longe em pé; Moisés, porém, se chegou à nuvem escura onde Deus estava.

Então disse o Senhor a Moisés: Assim dirás aos filhos de Israel: Vistes que dos céus eu vos falei.

Não fareis deuses de prata ao lado de mim, nem deuses de ouro fareis para vós outros.

Um altar de terra me farás, e sobre ele sacrificarás os teus holocaustos, as tuas ofertas pacíficas, as tuas ovelhas, e os teus bois; em todo lugar onde eu fizer celebrar a memória do meu nome, virei a ti, e te abençoarei.

Se me levantares um altar de pedras, não o farás de pedras lavradas; pois se sobre ele manejares a tua ferramenta, profaná-lo-ás.

ÊXODO 20, 1-25

64 MITOS, HINOS E CULTO

35. *Um sacrifício nos tempos homéricos*

ENTÃO, PARA O DEUS, ELES RAPIDAMENTE DISPUSERAM EM ordem uma ilustre hecatombe em torno de um altar bem construído. Em seguida, lavaram as mãos e tomaram grãos de cevada. E, para eles, Crises, as mãos levantadas para o céu, fez esta prece em voz alta: "Escuta-me, deus do arco de prata, que proteges Crises e Killa a divina, e reinas como senhor sobre Tênedos. Já ouviste outrora minhas preces. Tu me honraste e destruíste terrivelmente a hoste dos aqueus. Agora, mais uma vez, atende esta súplica que faço: afasta dos daneus o injusto flagelo". Tal foi sua prece, e Febo Apolo escutou-a. Depois de rezar e espalhar os grãos de cevada, foram erguidas, primeiro, as cabeças das vítimas; degolaram-nas, esquartejaram-nas, cortaram suas coxas, cobriram-nas de gordura dos dois lados, e por cima colocaram a carne crua. Depois, o ancião cozinhou-as sobre achas e, na carne, derramou vinho em flama. Ao seu redor, os jovens seguravam o garfo de cinco dentes. Uma vez consumidas as coxas e comidas as tripas, cortaram o resto em pedaços miúdos, puseram em espetos, assaram bem e retiraram tudo do fogo. Assim que acabaram este trabalho e puseram a mesa, banquetearam-se e os corações não tiveram do que se queixar numa refeição na qual cada um teve sua parte. Em seguida, quando tinham saciado a fome e a sede, os jovens encheram as crateras e serviram em todas as taças o conteúdo de uma libação. E o dia todo, em coro, para acalmar o deus, os filhos dos aqueus cantaram um belo peã em honra do Protetor.

HOMERO, Ilíada I, 447-474

36. *Decreto criando as Pequenas Panateneias*

PARA QUE, COM DEVOÇÃO, A PROCISSÃO ANUAL DO POVO ateniense em honra de Atenas seja organizada o mais condignamente possível todos os anos e para que as medidas administrativas necessárias para a festa celebrada em honra da deusa sejam definitivamente tomadas pelos hieropeus,

MITOS, HINOS E CULTO   65

o povo deve decretar, de acordo com o parecer do conselho: os hieropeus oferecerão, como no passado, dois sacrifícios, um a Atenas Higéia outro no templo antigo. Distribuirão cinco porções de carne aos prítanes, três aos nove arcontes, uma aos tesoureiros da deusa, uma aos hieropeus, três aos estrategos e aos taxiarcos, a quantidade habitual aos atenienses membros do séquito e às canéforas, o resto da carne aos atenienses. Os hieropeus e os encarregados das compras, depois de adquirir os bois com as 41 minas da nova locação, quando a procissão terminar, sacrificarão todos esses animais junto ao grande altar de Atenas, reservando um dos melhores para o altar de Atenas Nike; após os sacrifícios a Atenas Políade e a Atenas Nike, distribuirão ao povo ateniense, no Cerâmico, a carne dos animais comprados com as 41 minas, como nas outras distribuições de carne, repartindo as partes entre os demos, em proporção dos habitantes mandados por cada um à procissão. Para as despesas da procissão, a cozinha, o adorno do grande altar, as outras despesas relativas à festa e aos regozijos noturnos, serão dadas 50 dracmas; os hieropeus encarregados das panateneias anuais deverão celebrar da maneira mais bela as festas noturnas em honra da deusa, mandando a procissão sair logo ao raiar do sol e castigando, conforme as leis, quem não atender às ordens.

INSCRIPTIONES GRECAE, II,[2] 334

37. *O culto romano ironizado*

MACRIN, MARQUE COM UMA PEDRA BRANCA O LÍMPIDO raiar do dia que para você significa a passagem de um ano; evoque seu Protetor bebendo vinho puro. Sua oração não é uma mercadoria que só pode ser murmurada num colóquio com os deuses.

Uma boa parte de nossos grandes tem inclusive a prudência de se calar por ocasião da queima dos incensos; e como há poucos homens cujos murmúrios e cochichos discretos podem elevar-se fora dos templos e cujos votos podem ser expressos a descoberto! "Sabedoria, fama, consciência":

66 MITOS, HINOS E CULTO

eis o que se pede nitidamente e de maneira a que o vizinho escute. Por dentro, e sem que a língua se mova: "Ó se o tio morresse, que belo enterro!" ou: "Ó se minha enxada atingisse, pela graça de Hércules, um pote repleto de prata" ou: "Meu pupilo (sou o herdeiro mais próximo, depois dele), pelos céus se eu pudesse riscar seu nome! Ele sofre de uma gangrena profunda: que uma bílis fatal o sufoque"; "Ah! Nério, que já enterra sua terceira esposa!"

É para que você santamente formule estas orações que você, de manhã, mergulha três a quatro vezes a cabeça no Tibre, e à noite a purifica nas suas águas consagradas, hein? Responda, eu lhe peço – é o mínimo que você pode fazer – que você acha de Júpiter? Vale a pena preferi-lo?... em detrimento de quem? Estaio, por acaso? Como, você hesita? Há juiz mais integro, melhor defensor dos órfãos? Bem, o que você tenta fazer entrar nos ouvidos de Júpiter, vamos, diga-o a Estaio. "Oh, oh! Júpiter! exclamaria ele. Ó bom júpiter!" E Júpiter, ele próprio não se irritaria? Você se apoia na sua indulgência porque quando ele troveja, visa mais com seu fogo a destruição de um carvalho do que você e sua casa. Porque o sangue das ovelhas e a ordem de Ergena não fizeram do lugar de sua queda um lúgubre esconderijo cuja aproximação é maldita, você acredita poder caçoar de Júpiter como de um imbecil qualquer? Ou por que preço você comprou a complacência dos ouvidos divinos? Com um pulmão e entranhas gordurosas?

Eis aqui uma avó ou tia que teme os deuses, que ergue uma criança do berço, passa sobre sua fronte e seus pequenos lábios úmidos o dedo do meio e a purifica com saliva lustral: excelente conjuração contra o mau-olhado. Em seguida, ela sacode em suas mãos esta tênue esperança de homem e, com um voto suplicante, o envia, como pleno proprietário dos campos de Licínio e dos palácios de Crasso: "Que o rei e a rainha o desejem como genro! Que as belas o disputem! Que nasçam rosas sob seus passos!" Mas, uma ama não tem o direito de fazer votos: Júpiter os recusará, embora ela esteja vestida de branco para fazê-los.

Você pede força, um corpo que fielmente sirva a sua velhice? Bem, mas estes pratos monstruosos, estas carnes espessas e recheadas impedem os deuses de escutar suas preces e

MITOS, HINOS E CULTO

perturbam Júpiter. Você quer entesourar, então imole um boi e convide Mercúrio para o sacrifício: "Enriqueça minha casa! Dê-me gado e faça-o multiplicar-se!" E ele tem culpa, idiota, quando você perde nas chamas as entranhas de tantos novilhos?... Não adianta nada: vítima após vítima, ele pretende forçar o deus de tanto saciá-lo: "Vejo meu campo crescer e crescer o meu rebanho. Eis que isto acontece, acontece, acontece..." até que, decepcionado e sem esperanças, ele suspira em vão: "Nem mais um tostão no fundo da bolsa!"

Se eu lhe trouxesse de presente potes de prata cinzelada e baixelas de ouro maciço, você transpiraria, seu peito se incharia, seu coração palpitaria de alegria. Daí a ideia de cobrir os deuses de ouro dos triunfos. Desta maneira os irmãos de bronze, que lhe enviam os sonhos menos brumosos, serão diferenciados: que suas barbas sejam douradas! O ouro cobriu os vasos de Numa e o bronze de Saturno; substituiu as bilhas das vestais e a argila toscana... Ó almas mergulhadas na lama, vazias de pensamentos celestes! Por que fazem penetrar nos templos nossas maneiras depravadas e julgam o que agrada aos deuses segundo as fraquezas de nossa maldita carne? É ela que estragou o óleo pela maceração da canela, ela que queimou as lãs da Calábria com púrpura corrompida, ela que fez com que se arrancasse a pérola da concha e se tirasse da terra bruta o metal destinado à fundição. Isto é pecado, pecado: a carne portanto tira partido de seu vício; mas vocês, pontífices, digam-me o que faz o ouro nos lugares santos? Assim Vênus, sem dúvida, recebe as bonecas das meninas...

Por que não oferecemos aos Imortais aquilo que a geração caçadora do grande Messala nunca pôde lhe oferecer em seus grandes pratos: uma alma onde o céu e a terra estivessem em harmonia quanto às leis santas, um espírito profundamente puro, um coração modelado pela honra e nobreza. Deixem-me levar aos templos esta oferenda e o trigo será suficiente para conciliar os deuses.

PÉRSIO, Sátiras, II

Escolha de Governante

38. *O povo pede um rei: Saul*

JUNTANDO-SE TODOS OS ANCIÃOS DE ISRAEL, FORAM TER com Samuel, em Ramata, e disseram-lhe: Bem vês que estás velho e que teus filhos não seguem as tuas pisadas, constitui-nos, pois, um rei que nos julgue, como o têm todas as nações.

Samuel, pois, repetiu todas as palavras do Senhor ao povo, que lhe tinha pedido um rei, e disse: *Este será o direito do rei que vos há de governar: Tomará os vossos filhos, e os porá em suas carroças, e fará deles moços de cavalo, e correrão diante dos seus coches, e os constituirá seus tribunos e seus centuriões e lavradores dos seus campos e segadores de suas messes e fabricantes das suas armas e carroças. E também tomará o dízimo dos vossos trigos, e do rendimento das vinhas, para ter que dar aos seus eunucos e servos. Tomará também os vossos servos e servas, e os melhores jovens, e os jumentos, e os empregará no seu trabalho. Tomará também o dízimo dos vossos rebanhos, e vós sereis seus servos. E naquele dia clamareis por causa do vosso rei, que vós mesmos elegestes; e o Senhor não vos ouvirá, porque vós mesmos pedistes um rei.*

Mas o povo não quis dar ouvidos às palavras de Samuel, antes disse: Não. Há de haver um rei sobre nós, e seremos também como todas as nações; e o nosso rei nos julgará, e marchará à nossa frente, e combaterá por nós nas nossas guerras.

E quando Samuel viu Saul, o Senhor lhe disse: Eis o homem de quem te falei, este reinará sobre o meu povo.

70 ESCOLHA DE GOVERNANTE

E Saul aproximou-se de Samuel no meio da porta, e disse: Peço-te que me digas onde é a casa do vidente. Samuel respondeu a Saul, dizendo: Sou eu o vidente; sobe diante de mim ao lugar alto, para que comas hoje comigo, e pela manhã te despedirei e te direi tudo o que trazes no coração. E Samuel tomou um pequeno vaso de óleo, e derramou-o sobre a cabeça de Saul e o beijou, e disse: Eis que o Senhor te ungiu por príncipe sobre a sua herança, e tu livrarás o seu povo das mãos dos inimigos que o cercam. E este será para ti o sinal de que Deus te ungiu príncipe.

I SAMUEL 8, 4-5
8, 10-20
9, 17-19
10, 1

39. As eleições em Esparta

QUANTO AO CONSELHO DOS ANCIÃOS FOI O PRÓPRIO LICURGO que, como eu já disse, nomeou os primeiros membros e estes foram os associados de sua empresa.

Para o futuro o membro falecido deveria, conforme as disposições que ele tomava, ter por sucessor o cidadão do qual o valor seria julgado o mais alto entre os homens idosos de mais de sessenta anos.

Esta era a mais importante, pensava ele, das competições existentes no mundo e a mais digna de ser disputada. Pois não se tratava do mais rápido dos rápidos, do mais forte dos fortes, mas do melhor e do mais sábio entre os bons e os sábios. (...)

A escolha se fazia da seguinte maneira: reunia-se a Assembleia, designavam-se os homens que se recolheriam em uma casa vizinha. Eles não podiam ver, nem serem vistos. Somente o clamor da Assembleia chegava a seus ouvidos. Era através de gritos, neste caso, como tudo o mais, que eles julgavam os concorrentes. Estes não eram introduzidos todos juntos mas, após o sorteio, um de cada vez atravessava em silêncio a Assembleia. Os membros do júri, fechados, tinham pranchetas, onde inscreviam para cada concorrente

ESCOLHA DE GOVERNANTE   71

a amplitude do clamor. Eles ignoravam de quem estava se tratando, sabendo somente que se tratava do primeiro, do segundo, do terceiro e assim por diante. Aquele que tivesse recebido as aclamações mais prolongadas e mais calorosas, eles o proclamavam eleito.

PLUTARCO, Vida de Licurgo, XXVI, 1-5

40. *Atenas: a ascensão de Pisístrato*

HAVIA TRÊS PARTIDOS: O PRIMEIRO ERA O DOS HABITANTES da costa. Seu chefe era Megacles, filho de Alcmeon. Ele parece que tinha seguido, de preferência, uma linha política moderada. O segundo era o dos habitantes da planície que sustentavam a oligarquia. Seu guia era Licurgo. O terceiro era o dos montanheses à testa do qual estava Pisístrato, que passava por ser o melhor defensor do povo. Haviam aderido a ele, além disso, os credores arruinados, possuídos pela miséria e ainda, por receio, aqueles que não tinham a pura raça ateniense. A prova disso é que após a queda da tirania, procedeu-se a uma revisão das listas cívicas sob o pretexto de que nelas havia muita gente que gozava de direito de cidadania sem ter o título. Cada partido tirava seu nome da região que seus membros cultivavam.

Pisístrato era, pois, tido como o melhor defensor do povo e ele tinha adquirido uma sólida reputação na guerra contra Megara. Feriu-se com a própria mão e persuadiu assim o povo – alegando que seus adversários eram responsáveis pelo seu estado – de lhe dar uma guarda pessoal. Ariston foi o autor da proposição legal. Ele recebeu aqueles que são chamados seus korinéforos, derrubou com sua ajuda a democracia e se apoderou da Acrópole, trinta e um anos após a legislação (de Sólon), sob o arcontado de Comeias. *Conta-se que Sólon, quando Pisístrato pediu uma guarda, se opôs, dizendo ser mais perspicaz que uns e mais corajoso que outros: uns não compreendiam que Pisístrato visava à tirania e ele era mais perspicaz que eles; os outros o compreendiam e não disseram nada: era, então, mais corajoso.* Sua intervenção permanecera sem efeito, ele suspendeu suas armas diante do portal dizendo que, por sua vez, tinha

72
ESCOLHA DE GOVERNANTE

sustentado sua pátria com todas as suas forças – era então muito idoso – e que ele apelava aos outros para fazer o mesmo. Pisístrato toma o poder, governa mais como cidadão do que como tirano. Sua autoridade não tinha tido tempo de se arraigar quando uma aliança se concluiu entre partidários de Megacles e de Licurgo e o derrubou cinco anos após sua primeira posse, sob o arcontado de Hegésias. Onze anos após, Megacles foi deposto por seu partido. Ele empreendeu negociações com Pisístrato e sob a condição de este esposar sua filha, ele o conduziu ao poder graças a um estratagema digno dos tempos antigos e desprovido de qualquer sutileza. Espalhou por toda parte a notícia de que Atenas reconduzia Pisístrato; para tanto descobriu uma grande e bela mulher que, segundo Heródoto, era originária de Paiania e segundo outros autores, uma florista de Colitos que se chamava Phya. Ele a revestiu de um costume de deusa e a fez entrar na cidade com Pisístrato. Este avançava num carro com a mulher ao seu lado. O povo se prostava à sua passagem acolhendo-o aos gritos de "milagre".

O primeiro retorno de Pisístrato deu-se pois, desta maneira. Depois disto, foi ele derrubado uma segunda vez, seis anos após seu retorno, segundo todas as probabilidades. Com efeito, ele não se manteve por muito tempo. Como não queria consumar seu casamento com a filha de Megacles, teve medo de uma conjunção de dois partidos adversos e fugiu. Logo a seguir foi ele colonizar nas proximidades do Golfo Termaico, um lugar chamado Rhaikelos. De lá ele alcançou a região de Pangeu. Aí ele fez fortuna, alugou mercenários e veio estabelecer-se em Eretria. Onze anos depois, pela primeira vez ele tentou recuperar, pela força, seu poder. Recebeu apoio entusiasta, dos tebanos, de Lígdamos de Naxos e também os cavaleiros que tinham o poder na Eretria. Após sua vitória no templo (de Atenas) Palenis, a tomada da cidade e o desarmamento dos cidadãos, o domínio da tirania não lhe foi mais contestado. Apoderou-se de Naxos e deu-lhe por senhor Lígdamos. O desarmamento dos cidadãos teve lugar da maneira seguinte: por ocasião de uma revista no Theseion, decidida por Pisístrato, este começou a dirigir-se ao povo. Pouco após o início do discurso seus ouvintes alegaram nada escutar. Ele os fez subir na direção do portal da Acrópole para melhorar as coisas e enquanto enchia o tempo discursan-

ESCOLHA DE GOVERNANTE 73

do, seus agentes, devidamente fardados, tiravam as armas deles e as colocavam, trancadas, nos depósitos vizinhos de Theseion. Missão cumprida, eles prestaram contas a Pisístrato. Este então abandonou sua intenção anterior e fez conhecer a medida que acabava de tomar pelas armas. Não se devia ver nisso um milagre, nem uma desgraça. Cada um devia voltar a seus próprios afazeres; dos negócios de estado, ele mesmo se encarregaria. Assim pois, a tirania de Pisístrato começou da maneira exposta e conheceu todas essas vicissitudes. Ele administrava o Estado com moderação, como já foi dito, mais como cidadão que como tirano. De modo geral mostrava-se humano, amável e indulgente com os erros. Além disso ele concedia aos pobres adiantamentos por seu trabalho, permitindo-lhes assim viver da agricultura. Seu modo de agir tinha dois motivos: impedi-los de permanecer na cidade em vez de ficar dispersos no campo e *incentivá-los a se contentar com uma vida modesta e a se dedicar a seus próprios afazeres, sem desejos nem interesse de se intrometer nos negócios públicos.* Ao mesmo tempo acrescentou em sua renda o produto da agricultura tirando, antecipadamente, o dízimo da colheita. Pela mesma razão ele instituiu os juízes dos demos. Ele mesmo realizava frequentes passeios pelo campo para inspecionar e regulamentar as diferenças. Assim os camponeses, não vindo à cidade não negligenciavam seu trabalho. Num de seus passeios chegou, digamos, a uma aventura (...). Vendo um camponês que cavava e trabalhava uma terra que não era senão pedras, ele se admirou e fez perguntar, por seu escravo, o que ele retirava do campo. "Nada além de males e suspiros", disse o outro "e além disso é necessário que Pisístrato retire seu dízimo". O homem respondeu por ignorância, mas Pisístrato, divertido com sua franqueza e coragem, o isentou de qualquer imposto. Além disso a massa não sofreu nenhum prejuízo pelo seu governo. Pelo contrário, em toda ocasião ele lhe assegurava paz e mantinha a calma. Também repetia-se frequentemente, o que era um elogio, que a tirania de Pisístrato era a vida sob Cronos. Pois, em seguida, quando seus filhos o sucederam, eles aplicaram métodos bem mais severos de governo. O motivo de tudo isto que diziam dele, era seu devotamento ao povo e sua humanidade. De uma maneira geral, queria tudo governar segundo as leis, sem se atribuir nenhum privilégio.

74 ESCOLHA DE GOVERNANTE

Um dia, citado por assassinato, diante do areópago, comprou uma pessoa para apresentar sua defesa. Mas seu adversário assustou-se e desapareceu. Eis porque ele ficou muito tempo no poder e logo que era afastado, voltava de boa vontade. *Tal era, com efeito, a vontade da maioria dos notáveis e do povo miúdo. Uns se deixavam cativar por suas maneiras, outros pelo apoio que ele dava a seus interesses pessoais. Ele tinha tudo para agradar os dois partidos.*

Pisístrato, portanto, envelheceu no poder e morreu de doença sob o arcontado de Filôneo. O estabelecimento de sua primeira tirania remonta trinta e três anos. Ele ficou dezenove no poder e passou o resto no exílio. Não passa, pois, de fantasia, pretender que Pisístrato fosse amado por Sólon ou que tivesse sido o comandante em chefe na guerra contra Megara, para a possessão de Salamina. Isso está fora de questão pela sua idade. É suficiente calcular a duração de cada um deles e o arcontado sob o qual ele morreu.

ARISTÓTELES, Constituição de Atenas, XIII, 4-5; XIV;
XV; XVI, 1-9; XVII, 1-2

41. *Numa Pompílio, rei*

A SSIM QUE NUMA, FINALMENTE, SE DECIDIU, OFERECEU UM sacrifício e seguiu para Roma. Num extraordinário ímpeto de amor, o Senado e o povo foram a seu encontro; as mulheres se destacaram pelas aclamações; sacrifícios eram oferecidos diante dos templos, e a alegria brotava de todos os lados. Parecia que a cidade acolhia não um rei, mas sim um reino. Quando chegaram à praça pública, aquele que então detinha o interregno, Espúrio Vécio, chamou os cidadãos para votar, e Numa foi eleito por unanimidade. Como lhe trouxessem as insígnias da realeza, Numa ordenou a interrupção da cerimônia, dizendo que era preciso primeiramente a sanção dos deuses. Chamou então os adivinhos e os sacerdotes, e subiu ao Capitólio, que os romanos da época chamavam de rocha Tarpeia. Lá, o chefe dos adivinhos o colocou de frente para o sul, depois de tê-lo coberto com

ESCOLHA DE GOVERNANTE

um véu; e, colocando-se atrás dele, a mão direita estendida sobre sua cabeça, rezou e procurou com os olhos por todos os lados para ver se surgiam presságios e sinais enviados pelos deuses. De parte daquela imensa massa reunida na praça pública reinava um silêncio incrível; todos abaixaram as cabeças, ansiosos e atentos para o que iria acontecer, até o momento em que, do lado direito surgiram as aves de bom augúrio. Então, Numa vestiu novamente o traje real, e desceu do topo em direção à massa; houve aclamações de todos os lados, e todos se dirigiram a ele estendendo-lhe a mão direita como se acolhessem o homem mais piedoso e mais amado pelos deuses.

PLUTARCO, Vida de Numa, VII, 1-7

42. *O primeiro triunvirato*

CATÃO SE OPÔS A SEU PEDIDO E APROVEITOU O ÚLTIMO DIA para fazer um discurso de apresentação das candidaturas. Desprezando a consagração, César se precipitou em direção à Roma, apresentou sua candidatura, esperando em seguida as eleições.

No mesmo momento, Pompeu, que tinha adquirido muita glória e poder por suas ações contra Mitrídates, pedia ao Senado a ratificação de todas as decisões que tomara em favor dos reis, dinastas e das cidades. Um grande número de senadores, e em primeiro lugar Lúculo, ciumentos das façanhas de Pompeu, se opuseram. Lúculo, que dirigira a guerra contra Mitrídates antes de Pompeu, declarava que a vitória tinha sido obra sua, pois por ocasião da chegada de Pompeu, Mitrídates tinha perdido toda a sua força graças a ele. Crasso pertencia ao partido de Lúculo. Como Pompeu se indignasse ante tal atitude, fez um acordo com César prometendo, sob palavra, ajudá-lo a conseguir o Consulado. *Pouco tempo depois, César reconciliou Crasso e Pompeu, e, como os três detinham os maiores poderes, ajudaram-se mutuamente, segundo os próprios interesses.* O escritor Varo tratou do acordo entre estes homens num livro intitulado "O Monstro de Três Cabeças".

O Senado, temendo estes homens elegeu Lúcio Bíbulo como outro cônsul para fazer oposição a César. Rapidamente surgiu o desentendimento entre os dois, e ambos prepararam suas armas. No entanto, César, hábil na arte da dissimulação, pronunciou no Senado discursos sobre a necessidade da concórdia entre ele e Bíbulo, sobre os perigos que a República corria se não entrassem em acordo. Como desta maneira César fazia alusão à sua sinceridade, Bíbulo não manteve sua guarda e nem fez preparativos, pois não tinha a menor ideia do que iria se passar. De sua parte, César organizou em segredo uma tropa numerosa, apresentando em seguida ao Senado leis a favor dos pobres. Propôs distribuir-lhes terras, em particular aquelas da Cápua que eram as melhores e estavam arrendadas em benefício do Estado. Propôs ainda distribuir estas últimas aos pais que tivessem três crianças; desta maneira, colocou a seu lado uma multidão numerosa, pois o número total dos pais de três crianças era de cerca de vinte mil. Muitos senadores se opuseram a tal proposição. César então, fingindo não poder suportar tais injustiças, saiu apressado do Senado, não retornando até o fim do ano; discursou ao povo do alto dos rostros. Em plena assembleia do povo, pediu a Crasso e Pompeu a opinião sobre seus projetos de lei: estes o aprovaram, e o povo se dirigiu para as votações com os punhais escondidos.

APIANO, Guerras Civis II 8-10

43. *Escolha de governante entre os germanos*

OS REIS SÃO ESCOLHIDOS SEGUNDO SUA NOBREZA, OS CHEFES *segundo sua coragem*. Mas o poder dos reis não é ilimitado, nem arbitrário e os chefes, mais pelo exemplo do que pela autoridade, tomam as decisões, atraem os olhares, combatem na primeira linha, impõem-se pela admiração. Além disso, ninguém tem o direito de tirar a vida, de acorrentar, mesmo de fustigar, a não ser os sacerdotes, não a título de castigo, nem sob a injunção de um chefe, mas como se a ordem viesse

ESCOLHA DE GOVERNANTE

do deus que eles acreditam estar presente ao lado dos combatentes. Os germanos levam à batalha imagens e emblemas que tiram dos bosques sagrados, mas o que estimula singularmente a bravura, não é nem o acaso, nem a disposição fortuita que constitui o esquadrão, nem os cantos, mas sim as famílias e os parentes: bem perto estão os entes queridos, de onde lhes chegam aos ouvidos as lamentações das mulheres, os vagidos dos recém-nascidos...

TÁCITO, A Germânia 7, 1-3

Mudanças Políticas

44. *Pisístrato e Sólon*

Sólon, no fim de sua vida, vendo pisístrato utilizar os demagogos junto do povo para ser bem visto, visando à tirania, tentou, de início, fazê-lo raciocinar para desviá-lo de seu projeto. Como o outro não o escutasse, foi para ágora com todas as suas armas apesar de sua idade muito avançada. O povo reuniu-se, logo, em torno dele, diante deste espetáculo inexplicável. Sólon convidou então, os cidadãos a tomar as armas e se lançar sobre o campo do tirano. Ninguém o escutou; todo o mundo condenou sua loucura; alguns declaram que sua velhice o estava afetando. Pisístrato que já estava rodeado por alguns lanceiros abordou Sólon e lhe perguntou: "O que te deu a audácia de querer derrubar a tirania?" "Minha velhice", respondeu Sólon. O outro não pôde senão admirar seu bom senso e, de fato, não lhe fez nenhum mal...

Sólon o legislador foi à Assembleia para pressionar os atenienses a derrubar a tirania antes que seu poder se tornasse absoluto. Mas ninguém lhe prestou a menor atenção. Ele inverteu então sua tática de combate por completo e foi à ágora, apesar de sua avançada idade. *Tomando os deuses por testemunha, ele afirmou que não havia medido nem suas palavras, nem seus atos para socorrer a Pátria em perigo.* Mas as massas não tomavam conhecimento da manobra de Pisístrato. Resultou que Sólon, tendo dito a verdade, foi deixado de lado. Segundo a tradição oral, Sólon mesmo previu o estabelecimento da tirania por seus versos elegíacos: "A nuvem traz rajada de neve e granizo; o trovão vem do céu

80 MUDANÇAS POLÍTICAS

brilhante; *os homens importantes destroem a cidade, o povo cai na escravidão de um só senhor por ignorância.*" Pisístrato pressionou Sólon a se retratar e encarar favoravelmente a tirania. Mas nenhuma atitude permitiu uma modificação na sua decisão. Vendo ao contrário, que sua hostilidade crescia sem cessar e que ele colocava sempre mais paixão nas suas ameaças de represálias, foi lhe perguntando em que ele se firmava para se opor às suas vontades. Sólon, diz-se, respondeu-lhe: "em minha velhice".

DEODORO, IX, 4; 20, 1, 4

45. *A reforma de Drácon*

SOB O ARCONTADO DE ARISTAICMO, DRÁCON INSTITUIU SUAS leis, e eis como era então a organização do Estado. Tinha-se reservado os direitos políticos para aqueles que tinham a capacidade de se armar como hoplitas. Estes elegiam os nove arcontes e os tesoureiros entre os proprietários de um bem livre de valor mínimo de dez minas (1.000 dracmas); para as magistraturas inferiores era preciso pertencer à classe dos hoplitas. Os estrategos e os comandantes da cavalaria deviam apresentar a existência de um bem livre de pelo menos cem minas, e filhos legítimos de mais de dez anos nascidos de uma mulher legítima. Estes primeiros magistrados tinham a responsabilidade de exigir a garantia dos prítanes, dos estrategos e dos comandantes da cavalaria, desde sua saída do cargo até sua prestação de contas, obtendo deles quatro fiadores da mesma classe que os estrategos e dos comandantes da cavalaria. O Conselho era composto por quatrocentos e um cidadãos escolhidos ao acaso entre aqueles que gozavam da plenitude de seus direitos. Para este Conselho e para as outras magistraturas, o sorteio era limitado àqueles que tivessem mais de trinta anos, e a repetição das magistraturas não era possível antes que todos tivessem passado por ela; somente então se recomeçava o sorteio do início. Se um conselheiro estivesse ausente por ocasião de uma sessão do Conselho ou

MUDANÇAS POLÍTICAS   81

da Assembleia, ele pagava uma multa de três dracmas se fosse penta cosiomedimne[1], de duas dracmas se fosse cavaleiro, e uma se fosse zeugita.[2] O Conselho do Aerópago era o guardião das leis. Ele controlava as magistraturas para que estas fossem preenchidas segundo as leis. Toda vítima tinha o direito de depositar a queixa diante dos aeropagitas, fazendo menção à lei que fora desrespeitada.

ARISTÓTELES, Constituição de Atenas, IV, 1-4

46. A reforma de Sólon

NÃO HOUVE A ABOLIÇÃO DAS DÍVIDAS, MAS OS JUROS FORAM reduzidos e os pobres, aliviados, deram-se por satisfeitos. Deram o nome de "seisachteia" a esta decisão plena de humanidade e à operação concomitante do aumento de peso e das medidas e da desvalorização monetária. Sólon, com efeito, fixou o valor da mina em cem dracmas, que até então era somente setenta e três. Desta maneira, os devedores que saldavam as dívidas entregavam numericamente a mesma quantia, mas, na realidade, davam menos; ganhavam assim bastante, sem lesar em nada seus credores.

Androtion, Fragmento 34 (Jacoby), citado por
PLUTARCO, Sólon, 15,2

47. As reformas de Clístenes

APÓS A QUEDA DA TIRANIA, UM CONFLITO OPÔS ISÁGORAS, filho de Teisandros, partidário da tirania, a Clístenes que pertencia à linhagem dos Alcemônidas. Sendo vencido na sua luta contra os etários, Clístenes esforçou-se

---

1. Cidadão de primeira classe: um dos quinhentos.
2. Cidadão de terceira classe.

82   MUDANÇAS POLÍTICAS

para colocar o povo a seu lado, dando à massa o poder público. Iságoras, sentindo faltar-lhe as forças, fez novo apelo a Cleômene com quem tinha relações de hospitalidade e convenceu-o a banir os sacrílegos, uma vez que se dizia que os Alcemônidas estavam entre estes sacrílegos. Clístenes fugiu. À sua chegada, Cleômene, com fracas forças, baniu setecentas linhagens atenienses. Após esta primeira ação ele tentou dissolver o Conselho e instalar Iságoras e trezentos de seus partidários na direção do Estado. Mas o Conselho resistiu, a massa aliou-se. Os partidários de Cleômene e de Iságoras tiveram que refugiar-se na Acrópole. Os democratas durante dois dias mantiveram-nos cercados lá. No terceiro, Cleômene e todos aquéles que encontravam com eles retiraram-se, após a capitulação; Clístenes e os outros exilados foram chamados. Quando o partido democrático apoderou-se do governo, Clístenes foi o guia e o dirigente. Os responsáveis mais diretos pela queda da tirania tinham sido os Alcemônidas e sua oposição tinha sido mais ou menos constante. Isto explica a confiança do partido democrático em Clístenes.

Tendo assumido a chefia do povo, três anos após a queda dos tiranos, sob o arcontado de Iságoras, Clístenes começou, primeiramente, a repartir todos os atenienses em dez tribos ao invés de quatro, com a intenção de misturá-las a fim de que mais indivíduos participassem do poder... Em seguida, estabeleceu que a Bulé (Conselho) teria quinhentos membros ao invés de quatrocentos. Cada tribo designaria cinquenta conselheiros, no lugar das cem de então... Dividiu igualmente o território da cidade em trinta grupos de demos, dez reunindo os demos urbanos, dez os do litoral, dez os do interior, dando a estes grupos a denominação de tritias. Cada tribo recebeu três tritias sorteadas ao acaso, de maneira que cada uma contivesse uma tritia de cada uma das regiões. Deu o nome de demotes (cidadão) àqueles que morassem num mesmo demos para que se perdesse o hábito do patronímio e para que nada distinguisse os neopolitas, chamados conforme o nome de seu demos. Daí se originou o fato de os atenienses se chamarem ainda hoje segundo seu demos. Clístenes criou igualmente os demarques cujas funções eram análogas àquelas dos antigos naucrates, uma vez

MUDANÇAS POLÍTICAS   83

que os demos tinham substituído as naucrarias. Chamou os
demos conforme o lugar ou segundo o nome de seu fundador já que as novas circunscrições não correspondiam todas
às antigas vilas. Deixou que os gens subsistissem nas formas
tradicionais, bem como as frátrias e os sacerdócios. Deu às
tribos os nomes de cem heróis arquegetes, dez dos quais ti-
nham sido designados pela pítia. Por estas novas instituições, o caráter democrático da
constituição fez grandes progressos com relação à de Sólon.
Aconteceu, com efeito, que as leis de Sólon caíram em desu-
so porque os tiranos não as aplicaram. As novas foram pro-
mulgadas por Clístenes para ganhar a massa. Entre outras,
figura o ostracismo. Em primeiro lugar, quatro anos após
esta reforma, sob o arcontado de Hermocreon, elaborou-se
a fórmula de juramento do Conselho dos quinhentos usada
ainda hoje. Depois, fixa-se o modo de designar os estrategos,
à razão de um por tribo, mas o comando em chefe continua
confiado ao polemarca. Onze anos após, os atenienses alcan-
çaram a vitória de Maratona, sob o arcontado de Fínipo.

ARISTÓTELES, Constituição de Atenas XX, 1-4;
XX; XXII, 1-3.

48. *Caio Graco e os Cavaleiros*

FOI DA SEGUINTE MANEIRA QUE CAIO GRACO FOI ELEITO PELA
segunda vez tribuno da plebe. Depois de ter comprado
o povo, começou a atrair os assim chamados cavaleiros
– indivíduos que, do ponto de vista da dignidade, se situavam entre os senadores e o povo – através de medidas políticas do mesmo gênero. Considerando-se que os tribunais eram desprezados
pela corrupção, Caio Graco os transferiu dos senadores para os
cavaleiros. Ele censurava os tribunais por uma série de questões
recentes, particularmente o suborno dos juízes de Aurélio Cota,
Salinator e Manio Aquílio, vencedor na Ásia – todos indivíduos
claramente corruptos –, numa época em que os embaixadores
encarregados de sua acusação ainda se encontravam em Roma

84 MUDANÇAS POLÍTICAS

e proclamavam a altos brados sua indignação por todos os lados. O Senado manifestou um sentimento de vergonha tão grande ante tais fatos, que aceitou a lei, depois ratificada pelo povo. Foi desta maneira que os tribunais foram transferidos do Senado para os cavaleiros. Por ocasião da votação da lei, Caio Graco teria declarado, conforme o que se sabe, que dominou o Senado de um só golpe. Tal afirmação de Graco começou a ter um significado muito grande no decurso dos acontecimentos. Considerando-se que os cavaleiros julgavam os romanos, todos os italianos, e mesmo os senadores, decidiam sobre as multas, a perda dos direitos civis e a pena do exílio, eles começaram a se considerar como senhores, relegando os senadores à condição secundária. Como aos votos dos cavaleiros se uniam os dos tribunos, aqueles conseguiam tudo o que queriam, ao mesmo tempo em que crescia a apreensão dos senadores. Desta maneira ocorreu rapidamente a alteração do poder político: *o Senado não conservava mais nada a não ser sua dignidade, enquanto que os cavaleiros detinham o poder*.

APIANO, Guerras Civis, I, 22

49. *As reformas de Sila*

SILA SAIU DA CIDADE E ORDENOU AO SENADO QUE NOMEASSE aquele que chamavam de inter-rei. Os senadores escolheram Valério Flaco, com a esperança que este procedesse à eleição dos cônsules. No entanto, Sila endereçou-lhes uma mensagem; comunicou-lhes que ele, Sila, julgava ser útil à cidade, no presente momento, a eleição daquele tipo de magistrado chamado de ditador pelos senadores e que não vinha sendo nomeado há mais de quatrocentos anos. Os senadores estariam de acordo em nomeá-lo conforme a ordem, não por um período fixado a priori, mas somente até o restabelecimento da Cidade, da Itália, e da República, então sacudida pelas disputas e guerras. Não há dúvidas de que tal advertência se referia a Sila; além disso, ele não o escondia, declarando no fim da carta que se julgava, nesse sentido, estar prestando grandes serviços à Cidade.

MUDANÇAS POLÍTICAS

85

Esta foi a carta de Sila. Como os romanos não podiam realizar nenhuma eleição em bases legais e, tendo consciência de que não tinham tal possibilidade, receberam tal pseudovoto na situação embaraçosa na qual se encontravam, como uma imagem e uma ficção da liberdade. Desta maneira, elegeram Sila com poderes de tirano segundo seus desejos. O poder de um ditador é, efetivamente, o de um tirano; no entanto, antigamente o mesmo era limitado no tempo. Tendo se transformado agora em ilimitado pela primeira vez, se constitui verdadeiramente no poder de uma tirania... No entanto, Sila simulou conservar as antigas instituições, encarregando o povo de eleger os cônsules. Marco Túlio e Cornélio Donabela foram os eleitos; mas, como um rei, Sila foi um ditador, mantendo os cônsules subordinados a ele. Fazia-se preceder de vinte e quatro feixes como o faziam os antigos reis, além de se cercar de uma guarda numerosa. Revogava leis e proclamava novas. Impedia o acesso à pretoria antes de ter passado pela questoria; de ser cônsul antes de ter sido pretor; opôs-se ao restabelecimento do consulado antes de um período de dez anos completos. Diminuiu igualmente os poderes dos tribunos da plebe, enfraquecendo-os significativamente; *além disso, proibiu por lei, a possibilidade dos tribunos da plebe de solicitar qualquer outra magistratura. Por esta razão, todos os bem-nascidos, ou demais que disputavam tais postos, se afastaram.* No entanto, não posso afirmar se Sila transferiu ou não tal atribuição do povo ao Senado, como o é atualmente. Pois, como o Senado perdera um grande número de membros em consequência de guerras civis e estrangeiras, ele o completou pela entrada de cerca de trezentos cavaleiros escolhidos dentre os melhores existentes, ratificando tais nomeações individualmente pelo voto das tribos. Libertou mais de dez mil escravos proscritos, escolhidos entre os mais jovens e vigorosos, dando-lhes a cidadania romana e chamando-os de Cornélio, segundo seu próprio nome, aumentando assim o povo. Dispunha Sila, desta maneira, de dez mil homens prontos a lhe obedecer. No sentido de criar uma situação semelhante na Itália, dividiu entre os soldados das vinte e três legiões que combateram sob suas ordens, como já me referi anteriormente, extensas terras nas cidades

86 MUDANÇAS POLÍTICAS

italianas, tanto de domínio do Estado e que não tinham sido loteadas, como aquelas confiscadas às cidades que se encontravam em situação de dívida.

APIANO, Guerras Civis, I, 98-100

50. *As reformas de César*

ELE COMPLETOU O SENADO, CRIOU NOVOS PATRÍCIOS, AUMENTOU o número de pretores, de edis, de questores e mesmo de magistrados inferiores; restabeleceu a dignidade daqueles que a tinham perdido por decisão dos censores ou por condenação judicial decorrente de intriga. Compartilhou com o povo o poder dos comícios de tal forma que, com exceção dos candidatos ao consulado, metade dos eleitos eram escolhidos da lista proposta pelo povo e a outra metade composta por aqueles escolhidos por ele próprio. Ora, ele os designava através de mensagens extremamente curtas enviadas às tribos: "César, ditador, à tal tribo. Recomendo-lhes tais e tais fulanos para receber a dignidade de sua votação." Admitiu honrarias mesmo em relação aos filhos dos proscritos. Enviava os processos a juízes de duas categorias, da ordem equestre e senadores, tendo suprimido os tribunos do tesouro que formavam uma terceira categoria. Recenseou o povo de uma maneira que não era nem a habitual, nem no lugar costumeiro, mas procedendo segundo quarteirões, e por intermédio dos proprietários das *ínsulas*[1].

Reduziu o número daqueles que recebiam trigo do Estado, de trezentos e vinte mil para cento e cinquenta mil; e, para que na ocasião do censo não surgissem novas dificuldades decidiu que, a cada ano, o pretor substituiria os mortos pela escolha ao acaso entre aqueles que não tinham tido o direito de ser recenseados.

Depois de ter distribuído oitenta mil cidadãos nas colônias de além-mar para preencher os vazios da Cidade, impediu

---

1. Habitações coletivas; em oposição a domus, casas particulares.

MUDANÇAS POLÍTICAS

a todo cidadão maior de vinte anos e menor de sessenta, não engajado em obrigações militares, de se ausentar da Itália por mais de três anos seguidos; proibiu igualmente a todo filho de senador de partir para longe, exceto quando ligado à figura de algum general ou acompanhando algum magistrado.

SUETÔNIO, 41-42, 1

Sistemas e Órgãos Políticos

51. *A democracia ateniense*

O FUNDAMENTO DO REGIME DEMOCRÁTICO É A LIBERDADE, (realmente, costuma-se dizer que somente neste regime participa-se da liberdade, pois este é, segundo se afirma, o fim de toda democracia). Uma característica da liberdade é ser governado e governar por turno; *com efeito, consistindo a justiça democrática em ter todos o mesmo, numericamente e não segundo o merecimento, forçosamente tem que ser soberana a multidão e aquilo que é aprovado pela maioria tem que ser o justo.* Afirmam que todos os cidadãos devem ter o mesmo, de modo que, nas democracias, resulta que os pobres têm mais poder que os ricos, posto que são mais numerosos e o que prevalece é a opinião da maioria. Esta é pois, uma característica da liberdade, que todos os partidários da democracia consideram como um traço essencial desse regime. *Outra é viver como se quer; pois dizem que isto é resultado da liberdade, já que o próprio do escravo é viver como não quer.* Este é o segundo traço essencial da democracia e como decorrência de não ser governado por ninguém, se possível, ou então, por turno. Esta característica contribui para a liberdade fundamentada na igualdade.

Sendo estes o fundamento e o princípio da democracia, são procedimentos democráticos os seguintes: que todas as magistraturas sejam eleitas entre todos; que todos mandem sobre cada um e cada um, por sua vez, sobre todos; que as magistraturas sejam providas por sorteios (ou todas ou as que não requerem experiências ou habilidade especial); que não se baseie em nenhuma propriedade – ou na

90 SISTEMAS E ÓRGÃOS POLÍTICOS

menor possível – que a mesma pessoa exerça duas vezes alguma magistratura, ou em poucos casos, ou poucas magistraturas, fora das relacionadas com as guerras; que todas as magistraturas (ou quase) sejam de curta duração; que administrem justiça todos os cidadãos, eleitos por todos, e a respeito de todas as questões ou da maioria delas e das mais importantes e principais, por exemplo, a prestação de contas, a constituição e os contratos privados; que a assembleia tenha soberania sobre todas as coisas (ou sobre as mais importantes) e os magistrados em troca não tenham nenhuma, ou sobre as questões menos importantes.

A instituição mais democrática é o Conselho, quando não houver recursos suficientes para pagar a todos, porque então privam de sua força inclusive nesta magistratura, já que o povo quando dispõe de salários suficientes transfere a si mesmo todas as decisões, (...). É também democrático pagar a todos os membros da assembleia, os tribunais e as magistraturas, ou senão aos magistrados, os tribunais, o Conselho e as assembleias principais, ou aquelas magistraturas que requerem uma mesa comum. Além disso, como a oligarquia se define pela linhagem, a riqueza e a educação, as características da democracia, parecem ser contrárias a estas: a falta de nobreza, a pobreza e o trabalho manual. Ademais, nenhuma magistratura democrática deve ser vitalícia e se alguma sobrevive de uma troca antiga, deve-se despojá-la de sua força preenchendo-a por sorteio em lugar de eleição.

Estes são, pois, os traços comuns a todas as democracias. A democracia, porém, que mais parece merecer esse nome e o povo que verdadeiramente o é, são os que se deduzem do conceito democrático de justiça admitido por todos, segundo o qual a justiça consiste em que todos tenham numericamente o mesmo; o mesmo é que não governem mais os pobres que os ricos, não tenham somente os primeiros a soberania, mas todos por igual numericamente; desta maneira pode-se crer que ocorre, no regime a igualdade e a liberdade.

O problema imediato será o de como conseguir esta igualdade: se se deve distribuir as propriedades de modo

SISTEMAS E ÓRGÃOS POLÍTICOS   91

que as de 500 cidadãos equivalham às de 1.000 e que estes mil tenham o mesmo poder que os quinhentos, ou não se deve estabelecer assim a igualdade a respeito da propriedade, senão dividir-se primeiro assim, porém tomar depois um número igual de cada grupo e conceder a este número autoridade no que concerne às eleições e aos tribunais. Será este regime o mais justo segundo a justiça democrática, ou será melhor que se fundamente no número? Os partidários da democracia acham justa a opinião da maioria, seja qual for, e os oligarcas, a opinião da maior riqueza, porque afirmam que se deve decidir de acordo com a magnitude da fortuna. Porém, as duas opiniões implicam em desigualdade e injustiça. Com efeito, se a justiça consiste no parecer dos poucos, isto é tirania (já que se um indivíduo possui sozinho mais que todos os demais ricos, segundo a justiça oligárquica, será justo que mande ele só), e se consiste no parecer da maioria numérica, esta confiscará injustamente os bens da minoria rica, como dissemos antes.

Qual pode ser, pois, a igualdade em que uns e outros estarão de acordo, é questão que deve examinar-se à luz do que uns e outros definem como justo. Ambos os grupos dizem que deve prevalecer a opinião da maioria dos cidadãos. Concedamos, porém não inteiramente; sendo duas as partes que constituem a cidade: os ricos e os pobres, o que deve prevalecer é aquilo em que concordem uns e outros ou a maioria; no caso de opiniões contrárias, prevalecerá a dos mais numerosos e cuja propriedade é maior. Por exemplo, suponhamos que os ricos são dez e os pobres vinte, que haja choque entre o parecer de seis ricos de um lado com o de quinze pobres de outro, que os quatro ricos restantes se unam aos pobres e os cinco pobres restantes, aos ricos; neste caso deverá prevalecer a opinião do grupo cujas propriedades somadas alcancem a cifra mais alta. E se há empate, a dificuldade deve considerar-se análoga à que surge atualmente quanto a assembleia ou tribunal, se divide em duas partes iguais; haverá que se recorrer ao sorteio ou a outro expediente semelhante.

Mas, quando se trata da igualdade e da justiça, por mais difícil que seja achar a verdade a respeito delas, é mais fácil

92 SISTEMAS E ÓRGÃOS POLÍTICOS

alcançá-la do que persuadir aos que podem abusar, porque os mais débeis buscam sempre a igualdade e a justiça, enquanto os fortes não se preocupam nem um pouco com isso.

ARISTÓTELES, Política, 1.317a-1.320b

52. *A República Romana*

D IFERENTES PODERES QUE COMPÕEM A REPÚBLICA ROMANA *e os direitos peculiares de cada um.*

O governo da República Romana estava dividido em três corpos tão bem equilibrados em termos de direitos que ninguém, mesmo sendo romano, poderia dizer, com certeza, se o governo era aristocrático, democrático ou monárquico. Atentando ao poder dos Cônsules, dirá que é absolutamente monárquico e real; à autoridade do Senado, parecerá aristocrático, e ao poder do Povo, julgará que é Estado Popular. Eis aqui os direitos de cada um destes corpos.

Os Cônsules, enquanto estão em Roma e antes de saírem para a campanha, são árbitros dos negócios públicos: todos os demais magistrados lhes obedecem, com exceção dos Tribunos. Eles conduzem os embaixadores ao Senado, propõem os assuntos graves a serem tratados e têm o direito de decretar. Sob seu encargo estão todos os atos públicos que deverão ser expedidos pelo Povo. Devem convocar assembleias, propor leis e resolver sobre a maioria dos votos. Têm autoridade quase soberana nos casos de guerra e em todos os casos relacionados a uma campanha, como mandar nos aliados sob seu encargo, criar Tribunos militares, levantar exército e escolher tropas. Durante as campanhas podem castigar segundo seu arbítrio e gastar o dinheiro público como melhor lhes convier, para o que os acompanha, sempre, um questor, que executa sem discutir todas as ordens. Se se considerar a República Romana sob este aspecto dir-se-á, com razão, que seu governo é meramente monárquico e real. Se, contudo, alguns destes direitos (ou aqueles de que falaremos a seguir) mudassem agora ou dentro em pouco, nem por isso nosso juízo será menos verdadeiro.

SISTEMAS E ÓRGÃOS POLÍTICOS 93

O primeiro em que o Senado manda é no erário; nada entra ou sai dele sem sua ordem. Nem mesmo os questores podem despender alguma soma sem seu decreto, exceto no que se refere aos Cônsules. Mesmo as grandes somas que os censores têm que gastar nos reparos e adornos dos edifícios públicos, é o Senado que dá licença para tomá-las. Igualmente todos os delitos cometidos dentro da Itália que requerem uma correição pública, como traições, conspirações, envenenamentos e assassinatos, pertencem à jurisdição do Senado. Está também sob sua inspeção determinar em relação às divergências que possam existir entre particulares ou entre cidades da Itália, castigá-las, socorrê-las, e defendê-las se se tornar necessário. Precisando despachar alguma embaixada fora da Itália para reconciliar as potências, exortá-las ou mandar declaração de guerra, é o Senado que tem esta incumbência. Do mesmo modo atende os embaixadores que vêm a Roma, delibera sobre suas pretensões e dá-lhes respostas convenientes. O Povo nada tem a ver com o que foi citado; de modo que se alguém entra em Roma em ocasião em que os Cônsules não estão, parecerá seu governo pura aristocracia, do mesmo modo que muitos gregos e reinos cujos negócios dependem da autoridade do Senado.

Partindo deste pressuposto não se estranhará a pergunta: qual parte compete ao Povo no governo? Por um lado o Senado dispõe de tudo o que dissemos e, principalmente, maneja sob seu arbítrio a cobrança e os gastos referentes às rendas públicas; por outro, os Cônsules são absolutos nos casos de guerra e independentes em campanha. Contudo, o Povo tem sua parte e bastante importante. Ele é o único árbitro dos prêmios e castigos, únicos polos que sustêm os impérios, as repúblicas e toda a conduta dos homens. Num estado onde não se conhece a diferença entre estes dois recursos (prêmios e castigos) ou, uma vez conhecendo, faz-se mau uso deles, as coisas não podem caminhar bem. Ou por outra, que equidade existe onde o bem está no mesmo nível do mal? O Povo julga e impõe multas quando o delito merece e estas recaem principalmente sobre os que têm os principais cargos. Só ele condena à morte. (A propósito, há um costume louvável e digno de conhecimento: o réu de pena capital que segue a causa tem o direito de ausentar-se publicamente e desterrar-se voluntaria-

94   SISTEMAS E ÓRGÃOS POLÍTICOS

mente ainda que falte alguma tribo que não lhe tenha dado seu voto; ele pode viver com segurança em Nápoles, Preneste, Tibur ou outra cidade da qual tenha recebido asilo). O Povo distribui os cargos entre os merecedores, a mais bela recompensa que se pode conceder à virtude num governo. Cabe a ele aprovar ou revogar as leis, além de ser consultado sobre a paz e a guerra, a celebração de um tratado e de uma aliança. À vista disso qualquer um dirá, com razão, que o Povo tem a maior parte no governo e que o Estado é Popular.

O equilíbrio e a união existente entre os poderes que constituem a República Romana.

Acaba-se de expor como a República Romana está dividida em três espécies de governo: veremos então como os poderes podem se opor ou se complementar.

O Cônsul depois de revestido de sua dignidade sai à campanha à frente de seu exército; ainda que pareça absoluto em relação ao êxito da expedição, necessita do Povo e do Senado, sem os quais não pode levar à cabo seus objetivos. O exército necessita, continuadamente, de provisões; sem ordem do Senado não se lhe pode enviar víveres, vestuário, nem soldo, o que prova que a realização dos planos dos Cônsules depende da aprovação do Senado. Cabe ao Senado enviar sucessores aos Cônsules ou prorrogar seu mandado, após um ano; o Senado pode exagerar ou desmerecer a importância das expedições. O triunfo – cerimônia que representa para o Povo uma viva imagem das vitórias dos seus generais – não pode ser realizada sem a aprovação e verbas do Senado. Por outro lado, como o Povo tem autoridade para terminar a guerra, por mais distante que se encontre de Roma, os Cônsules necessitam, contudo, de seu favor. Porque, como dissemos antes, o Povo é quem pode anular ou ratificar os pactos e tratados. E mais que tudo, uma vez depostos os Cônsules do poder, cabe ao Povo julgar suas ações. De modo que, de forma alguma, podem, sem risco, desatender, seja a autoridade do Senado, seja a do Povo.

O Senado, em meio de tanta autoridade, tem que considerar muito o Povo ao manejar os negócios públicos. Não pode decidir em casos de juízos graves e difíceis ou castigar os de-

SISTEMAS E ÓRGÃOS POLÍTICOS

litos do Estado merecedores de morte, sem a confirmação do Povo. O mesmo se dá com as coisas relacionadas ao próprio Senado; se alguém propõe uma lei que fira, de algum modo a autoridade dos senadores, que afete suas preeminências e honras, ou que diminua seus haveres, cabe ao Povo manifestar-se. Se um Tribuno se opõe às resoluções do Senado, este não pode, não apenas seguir adiante, mas nem ao menos congregar-se. O dever dos Tribunos é executar sempre a vontade do Povo e atender principalmente a seu desejo. Diante do que dissemos não é estranho que o Senado tema e respeite o Povo. Do mesmo modo o Povo está sujeito ao Senado, necessitando contemporizar-se, ou com todo o colégio ou com algum de seus membros. São numerosas as obras existentes na Itália, cuja execução está a cargo dos Censores, como construção e reparo dos edifícios públicos, impostos sobre rios, portos, jardins, minas, terras, em suma, quantas gabelas compreende o Império Romano. Todas estas coisas passam pelas mãos do Povo que está implicado nestes ajustes quase do começo ao fim. Uns fazem por si o arrendamento com os Censores, outros se colocam numa companhia, aquele sai por fiador do assentista, este assegura com seus haveres o erário e tudo isto é arbitrado pelo Senado. Este dá moratória, remete em parte a dívida, se sobrevêm algum caso fortuito e, no caso de impossibilidade, rescinde inteiramente o assunto. Em resumo, tem mil ocasiões em que pode trazer um grande prejuízo ou beneficiar aos que manejam as rendas públicas, porque toda inspeção pertence ao Senado. E sobretudo, deste corpo é que saem juízes para os demais contratos, tanto políticos como particulares, de alguma importância; convenhamos pois, que todo o Povo tem posto confiança no Senado e, por temor de que, com o tempo, necessite de seu amparo, não se atreve a resistir, nem opor-se às suas ordens. Igualmente evita fazer oposição às designações dos Cônsules, porque todos, em particular ou em geral, estão sujeitos, em campanha, a suas determinações.

Tal é o poder que tem cada uma destas potestades para prejudicarem-se ou ajudarem-se mutuamente e todas elas estão tão bem enlaçadas contra qualquer evento, de tal maneira que, dificilmente haverá república melhor estabelecida que a

96 SISTEMAS E ÓRGÃOS POLÍTICOS

romana. Sobrevém, afora disso, um temor público que impõe a todos a necessidade de conformar-se ou ajudar-se uns aos outros; é tal o vigor e atividade deste governo que nada se omite do quanto é necessário. Todos os corpos conspiram pelos mesmos desígnios. Não há delongas no que foi resolvido, porque todos em geral cooperam para que o projetado seja realizado. Eis aqui porque é invencível a constituição desta República, sempre dando resultado em seus empreendimentos.

Acontece que os romanos, livres das guerras exteriores desfrutam da boa fortuna e da abundância que suas vitórias tentaram alcançar e como resultado desse sucesso, a adulação e o ócio os faz, como é normal, soberbos e insolentes: é então o caso de ver esta República tirar, de sua própria constituição, o remédio para seus males. Porque, no momento em que uma das partes pretende assoberbar-se e arrogar-se mais poder do que lhe compete – como nenhuma é bastante por si mesma e todas, conforme dissemos, podem contrastar-se e opor-se mutuamente a seus desígnios –, têm que humilhar sua altivez e soberba. Assim todas se mantém no seu estado, umas por achar oposição a seus anseios, outras pelo temor de serem oprimidas pelas companheiras.

POLÍBIO, História Universal, VI, 6 e 7

53. *A democracia grega vista por Péricles*

NO FINAL DO PRIMEIRO ANO DE GUERRA, TUCÍDIDES aproveitou a ocasião dos funerais solenes realizados em homenagem aos soldados gregos tombados no campo de batalha, para resumir, no pomposo discurso que Péricles teria pronunciado, as grandes linhas políticas daquele homem de Estado e os grandes temas de sua propaganda).

Temos um regime que nada tem a invejar das leis estrangeiras. Somos, antes, exemplos que imitadores. Nominalmente, como as coisas não dependem de uma minoria, mas, ao contrário, da maioria, o regime se denomina democracia. No entanto, se, em matéria de divergências particulares, a

SISTEMAS E ÓRGÃOS POLÍTICOS

igualdade de todos diante da lei é assegurada, cada um, em virtude das honras devidas à posição ocupada, é julgado naquilo que pode ocasionar sua distinção: no que se refere à vida pública, as origens sociais contam menos que o mérito, sem que a pobreza dificulte a alguém servir à cidade por causa da humildade de sua posição. *Vivemos em liberdade, não somente em termos de vida política, mas também na vida quotidiana, em tudo o que uns possam pensar sobre os outros.* Não nos encolerizamos contra o próximo se este se diverte com o que quer que seja; evitamos os trotes, desagradáveis de se ver, embora inofensivos. Mas, por mais tolerantes que sejamos nas relações particulares, recusamos absolutamente, nas questões públicas, fazer algo de ilegal – teríamos medo! Damos ouvidos àqueles que se sucedem nas magistraturas, às leis e especialmente àquelas criadas para proteger as vítimas e àquelas leis não escritas que merecem respeito unânime.

Acrescentemos que nossa fadiga encontra, frequentemente, alívio no repouso espiritual: temos concursos e festas religiosas durante todo o ano. Nossas acomodações pessoais são luxuosas e seu usufruto quotidiano faz com que as contrariedades desapareçam. Por causa da importância de nossa cidade, chega-nos de tudo, de toda parte; nesse sentido, nós temos a mesma facilidade em aproveitar os produtos de todo o mundo, do que os do nosso solo...

Cultivamos o belo, na simplicidade e as coisas do espírito, com firmeza. Utilizamos nossas riquezas, mais para agir no momento preciso, do que para falar a respeito delas pretensiosamente. Quanto à pobreza, não há vergonha ao confessá-la: mais vergonhoso ainda seria não fazer de tudo para sair dela.

Uma pessoa pode, ao mesmo tempo, ocupar-se de seus assuntos e dos do Estado e a multiplicidade das ocupações não impede o julgamento dos assuntos públicos. Somos os únicos a taxar, efetivamente, aqueles que não fazem parte dos ativos, mas dos inúteis. E, naquilo que nos concerne, julgamos raciocinar corretamente em política. Cremos que a palavra não prejudica a ação e, quando puder prejudicar, será o caso de não se basear antes na palavra, mas sim de passar aos atos para realizar o necessário. Temos, com

98 SISTEMAS E ÓRGÃOS POLÍTICOS

efeito, a arte excepcional de ousar sem fraqueza, medindo nossos atos; ao contrário, geralmente, é a ignorância que leva à audácia e o cálculo à hesitação. Quem poderíamos considerar justamente como tendo as almas mais fortes, senão aqueles que sabem analisar com a mesma clareza tanto o perigo como o acordo, sem se negar a correr os riscos...

Em resumo, ouso afirmar que nossa cidade, no seu conjunto, é para a Grécia uma lição viva e, cada um, individualmente, parece-me oferecer uma personalidade capaz de desempenhar vários papéis com uma elegância suprema.

TUCÍDIDES, II, 37-38
40, 1-3
41, 1

54. *O Império Romano*

FOI DA MANEIRA QUE SE SEGUE QUE TODOS OS PODERES DO Senado e do povo passaram a Augusto, a partir de quem estabeleceu-se uma verdadeira monarquia (pois é válido dar-se a este regime o nome de monarquia, mesmo quando duas ou três pessoas dividem o poder). No entanto, os romanos detestam tanto o nome monarquia, que se recusam a chamar seus imperadores de ditadores, reis ou de qualquer outro nome do gênero. Contudo, como toda a administração do Estado está em suas mãos, não se pode deixar de considerá-los reis. É verdade que ainda hoje os magistrados são nomeados segundo as leis, com exceção dos da censura; no entanto, toda a administração e todo o encaminhamento das questões seguem os desejos daqueles que detêm o poder. A fim de aparentar exercer o poder, não por vontade própria, mas conforme a lei, os imperadores se atribuem, além desse título, todos aqueles que, com exceção da ditadura, dependiam, no tempo da república, da vontade do povo e do Senado. Eles dirigem com frequência o Consulado, tomando sempre o título de procônsul quando se afastam do pomério; tanto aqueles que trouxeram vitórias, como os que não as

SISTEMAS E ÓRGÃOS POLÍTICOS

trouxeram, fazem-se chamar constantemente de *imperator* e isto para significar o absolutismo de seu poder, sem, no entanto, atribuir-se o título de rei ou ditador. Estes últimos títulos eles não se atribuem desde a sua primeira rejeição na República, mas seus poderes lhes são confirmados em virtude do título de imperador. Por causa destes títulos, procedem eles à organização das tropas, fazem recolher os impostos, declaram a guerra e fazem a paz, comandam em todos os lugares e sempre, tanto os aliados como os romanos, podendo ordenar a execução de cavaleiros e senadores, mesmo no interior do pomério; desta maneira, detêm eles todos os poderes que outrora detinham os cônsules e outros magistrados. Em virtude de seu poder censorial, indagam sobre a maneira de viver, sobre os hábitos, realizam censos, redigem a lista de cavaleiros e senadores, podendo eliminar aqueles que desejam. Constituem-se nos responsáveis por todos os assuntos santos e sagrados, pelo fato de estarem ligados a todos os sacerdócios e, além disso, poderem nomear outras pessoas além das já nomeadas. Quando dois ou três dividem o poder, um entre eles detém o sumo sacerdócio.

Na tribuna, o poder que possuíam os indivíduos mais destacados, possibilitava-lhes interceder contra todo ato de um magistrado com o qual não concordasse, bem como lhes era garantida a inviolabilidade. Nesse sentido, se eles se julgassem objeto de algum insulto, em atos ou palavras, por mais leve que fosse, condenavam à morte, sem julgamento, o autor, como um maldito. Como os imperadores são considerados patrícios, não pensam poderem ser tribunos da plebe; no entanto, assumem seu poder com a plenitude de outrora. Contam seus anos de poder em função deste poderio renovado a cada ano, por ocasião da nomeação dos tribunos da plebe. Todas estas funções têm sua origem na República e eles as executam da maneira como eram exercidas tradicionalmente; deste modo, assumindo-as, eles não parecem ostentar nenhum poder que não lhes tenha sido concedido.

DION CÁSSIO, LIII, 17

55. O Conselho e a Assembleia

O CONSELHO É DESIGNADO POR SORTEIO, NA RAZÃO DE cinquenta conselheiros por tribo. Cada tribo exerce, por sua vez, a pritania segundo o sorteio realizado: as quatro primeiras durante trinta e seis dias, as seis últimas durante trinta e cinco, o ano estipulado conforme a lua. Aqueles que exercem a pritania fazem suas refeições em comum na tholos, recebendo por isto uma indenização da cidade. São eles que reúnem a Bulé e o povo: a Bulé, cada dia, com exceção dos feriados, e o povo quatro vezes por pritania. Preparam ainda a lista das questões a cargo da Bulé, a ordem do dia de cada sessão e a indicação do lugar onde se realizará a reunião. Preparam igualmente as assembleias: a primeira que é a assembleia principal, onde são confirmados os cargos dos magistrados, cuja gestão foi julgada satisfatória; onde se delibera sobre a provisão de sementes e sobre a defesa do território; onde aqueles que o desejam depositam as eisangelias; onde se faz a leitura dos bens confiscados, dos pedidos de herança (...), para que ninguém desconheça os bens disponíveis. Na sexta pritania, além das questões apontadas, os prítanes submetem à votação a decisão de saber se se procederá ou não a uma *Ostrakophoria*, acusações desencadeadas pelos atenienses e pelos metecos contra os sicofantas, na razão de três para cada grupo, e contra aqueles que não tenham cumprido os compromissos assumidos com o povo. Uma outra assembleia é consagrada às solicitações: todo cidadão que assim o deseje pode apresentar uma solicitação e relatar ao povo, tanto questões pessoais, como aquelas referentes à cidade. Finalmente, as duas outras se ocupam de questões diversas, exigindo a lei que se submeta à ordem do dia de cada uma delas três questões referentes a assuntos sagrados, três relativas às embaixadas e, enfim, três relativas a assuntos profanos.

ARISTÓTELES, A Constituição de Atenas, XLIII, 2-XLIV

56. *Os limites de poder da Bulé*

É IMPORTANTE QUE VOCÊS CONHEÇAM A DEFESA QUE ELE tenta engendrar, e que se meça assim a impudência de seus propósitos, no que se refere à lei que impede formalmente a Bulé de receber uma recompensa, se esta não realizou o programa de construção de galeras. "A lei, diz ele, não permite que a Bulé receba uma recompensa se ela não tiver ordenado a construção de navios. Concordo. No entanto, em nenhum lugar está escrito que é proibido ao povo dar-lhe tal recompensa. Se ajo no sentido de fazer com que a deem a pedido da Bulé, ajo contra a lei; mas, se meu decreto não faz nenhuma alusão aos navios, se me proponho a presentear a Bulé por outras razões, em que agi contra a lei?" Não é difícil colocar a justiça contra tais argumentos, destacando, em primeiro lugar, que são os presidentes, membros da Bulé, e seu epistate que propuseram ao povo e submeteram a votação a questão de saber se havia indivíduos que pensavam que era preciso recompensar a Bulé e outros para os quais isto não era necessário. Ora, se aqueles não desejassem a recompensa, não deveriam ter tomado a iniciativa numa questão como esta. Além disso, diante das acusações de Mídias e de alguns outros, os conselheiros suplicaram para que não fossem privados da recompensa. Não tenho a intenção de lhes relatar aquilo que já sabem, uma vez que estiveram presentes à assembleia quando isso ocorreu. Além disso, vocês sabem o que pensar quando ele diz que a Bulé não pediu nada...

É com razão então, atenienses, dada a importância das galeras, que vocês criem condições para que a Bulé receba ou não a recompensa. *Com efeito, se em todos os aspectos ela cumpriu suas funções, e, no entanto, não soube realizar aquilo que nos valeu o império e nos propiciou a segurança, quero dizer, os navios, o resto não importa. Efetivamente, o povo deve zelar primeiramente para que sua segurança seja garantida.* Vejam então a impudência deste homem, que pensa poder falar e propor decretos que lhe agradem

102   SISTEMAS E ÓRGÃOS POLÍTICOS

e não hesita em propor uma recompensa para a Bulé, que,
não somente agiu da maneira como lhes foi relatado, como
também não mandou construir os navios.

DEMÓSTENES, Contra Androtion, 8-10

57. *A degradação da vida política no séc. IV*

AH! ATENIENSES, SE A BULÉ DOS QUINHENTOS E A ECLÉSIA
fossem dirigidas regularmente por aqueles que as
presidem e se as leis de Sólon sobre a disciplina dos
oradores ainda fossem seguidas, o mais idoso dos cidadãos, falando em primeiro lugar, conforme prescrevem as leis, poderia
subir à tribuna sem ser interrompido pelo tumulto e, tirando
partido de sua experiência, dar ao povo os melhores conselhos.
Em seguida viriam discursar os cidadãos que o desejassem,
cada um segundo a idade, para manifestar sua opinião sobre
todas as coisas. Parece-me que desta maneira a cidade seria
melhor governada e que as ações judiciais se tornariam mais
raras. No entanto, hoje as regras que outrora cada um acha-
ria boas, foram abandonadas; há indivíduos que não hesitam
em entregar moções ilegais, outros a declará-las em voz alta,
mantendo sua presidência não da maneira mais justa, mas
decorrente de intrigas; *uma vez que qualquer dos conselheiros,*
tendo sido designado presidente por sorteio, proclama, segundo
suas próprias regras, o resultado da votação, os indivíduos que
participam da política, não pelo bem comum, mas em preceito
próprio, ameaçam desencadear uma acusação de eisangelia,
reduzindo os cidadãos à condição de escravos e se arrogando
os direitos de senhores sobre os mesmos. Além disso, as ações
judiciais previstas por lei foram abandonadas e substituídas por
ações, decididas por decretos elaborados no seio da agitação.
Mesmo a proclamação mais bonita e mais sábia da cidade não
é mais ouvida: "Quem quer tomar a palavra entre os cidadãos
de mais de cinquenta anos, e a seguir um de cada vez, entre
os demais atenienses?" E nem as leis, nem os prítanes, nem os
presidentes, nem a tribo no exercício da presidência, a qual

SISTEMAS E ÓRGÃOS POLÍTICOS 103

representa um décimo do corpo cívico, não podem se opor à falta de disciplina dos oradores. Uma vez que as coisas tenham chegado a tal ponto, uma vez que vós próprios tenhais se dado conta de tal fato, a situação na cidade atingiu um tal grau que não sobrou nada de válido na constituição, ao que me parece, a não ser as ações sobre ilegalidade. Se vós as abolirdes ou cederdes ante aqueles que as abolirem, eu vos digo que, pouco a pouco, sem que vos apercebais, tereis abandonado a politeia a um pequeno grupo de homens.

ÉSQUINES, Contra Ctesifonte, 2-5

58. *Decreto contra as tentativas de instalação da tirania.*

SOB O ARCONTADO DE PRÍNICO, A TRIBO LEONTE NO exercício da nona pritania, da qual era secretário Cairestrato filho de Ameinias do demos de Acarnes, Menestrato, do demos de Aixone, declarou entre os presidentes: Eucrates filho de Aristótimo, do demos de Pireu propôs: para a felicidade do povo ateniense, os legisladores decidem: *se alguém se erguer contra o povo para instaurar a tirania, ou for cúmplice para o estabelecimento da tirania, ou derrubar o povo ateniense ou a democracia de Atenas, aquele que matar o autor de tais crimes não será desonrado.* Que nenhum dos conselheiros do Areópago – o povo ou a democracia tendo sido derrubados – tenha o direito de ir ao Areópago, ocupar um lugar no Conselho ou deliberar sobre qualquer coisa. Se um dos conselheiros do Areópago, – tendo sido destruídos, o povo ou a democracia –, for ao Areópago, ocupar seu lugar no Conselho ou deliberar sobre algo, ele e seus descendentes serão privados dos direitos civis, terão seus bens confiscados, sendo o dízimo oferecido à deusa. Que o secretário do Conselho (Bulé), inscreva a lei sobre duas estelas e coloque uma na entrada do Areópago naquela que serve de entrada para o Conselho, e a outra na Assembleia.

B. D. MERRIT, Hesperia, 1952, 355 nº 5

50. *A Monarquia Romana*

EM PRIMEIRO LUGAR FALAREI SOBRE A CONSTITUIÇÃO DA cidade que considero possuir o sistema político mais adaptado tanto à paz, como à guerra. Sua organização foi a seguinte: Rômulo distribuiu todo o povo em três grupos, colocando na chefia de cada um deles o indivíduo mais ilustre. Em seguida, dividiu novamente cada um dos grupos em dez, à frente dos quais colocou os mais corajosos. Chamou de tribos as divisões maiores e de cúrias as menores, nomes que permanecem até hoje. Se se quisesse traduzi-los para a língua grega, chamaríamos de *Phylai* e *Trittyes* as tribos, e as cúrias de fratria e locos. Aqueles que detinham a chefia nas tribos, chamados de tribunos, receberiam a designação de filarcas ou tritiarcas; aqueles na chefia das cúrias, os curiões, seriam os fratriarcas e loquiarcas. Dividiu igualmente as cúrias em decúrias, colocando na chefia os chefes chamados na língua do país de decuriões.

Rômulo reservou ao rei as seguintes prerrogativas: em primeiro lugar presidir às cerimônias sagradas e aos sacrifícios e realizar tudo aquilo que tinha sido previsto pela vontade dos deuses; em seguida, como guardião das leis e dos costumes dos antepassados, provar a justiça segundo o direito natural e o direito estabelecido: julgar os crimes maiores, relegando os menores aos senadores, impedir todos os erros nos processos, reunir o Senado e convocar o povo, dar seu parecer e executar as decisões da maioria. Estes foram os poderes concedidos ao rei; além disso, o mesmo era o chefe supremo na guerra.

À Assembleia do Senado atribuiu a honra e o poder de decidir sobre todas as questões que o rei lhe submetesse e de fazê-lo por meio de voto. Ela deveria ser guiada pela maioria. Ao povo em geral, concedeu os seguintes três poderes: eleger os magistrados, sancionar as leis, decidir sobre a paz e a guerra, se o rei assim o desejasse. No entanto, mesmo assim, a autoridade do povo não estava fora de controle, pois a aquiescência do Senado era necessária. O povo não votava em massa, mas era convocado pelas cúrias, e aquilo que parecesse bom para a maioria das cúrias era em seguida deferido ao Senado.

DIONÍSIO de HALICARNASSO II, 7, 2-4
II, 14, 1-3

60. *Aspiração à liberdade: o cão e o lobo*

R ELATAREI SUMARIAMENTE A DOÇURA DA LIBERDADE. Um cão gordo e saciado encontra um lobo magro ao extremo; eles se cumprimentam e param:
– Diga-me, de onde vem tanta exuberância? Que comida lhe deu esta corpulência? Eu que sou bem mais corajoso que vocês, morro de fome.
– O mesmo destino lhe espera, se você puder servir o dono de maneira idêntica, responde bondosamente o cão.
– Em quê? pergunta o outro.
– Vigiar a entrada, proteger a casa contra os ladrões, mesmo à noite.
– Estou, seguramente, disposto a isto! Por ora sofro com a neve e a chuva, levo uma vida árdua nas florestas; como me seria mais cômodo viver sob um teto sem fazer nada, alimentar-me e saciar-me de comida!
– Siga-me então.
No caminho, o lobo reparou no pescoço do cão, que a coleira tinha marcado:
– De onde vem isso, meu amigo?
– Não é nada.
– Conte-me, eu lhe peço.
– Acham-me muito fogoso, por isso prendem-me durante o dia para que eu repouse quando está claro e para que eu zele quando chega a noite. No crepúsculo, sou desatado e vou onde quero. Sem que eu tenha que me mexer, trazem-me pão; de sua mesa meu dono me dá ossos e as

106

SISTEMAS E ÓRGÃOS POLÍTICOS

pessoas da casa atiram-me porções de tudo aquilo que não querem. Assim, sem me cansar, encho meu estômago.

– E, diga-me, se você quiser ir a algum lugar, você pode?

– Não, absolutamente.

– *Seja feliz a seu modo, cão; não gostaria de um trono que me tirasse a liberdade.*

FEDRO, III, 6.

A Educação, a Família, a Mulher

61. *O divórcio no Código de Hamurábi*

SE UM HOMEM SE DISPÔS A ABANDONAR UMA SUGETUM ([1]) que lhe deu filhos ou uma salme ([2]) que lhe permitiu possuir crianças, a esta mulher será devolvido o seu dote e lhe será dada uma parte do campo, jardim e bens móveis e ela criará as crianças.

Depois que ela tiver criado as crianças, sobre tudo aquilo que será dado às crianças, lhe será dado uma parte, como a um filho herdeiro e ela tomará marido de acordo com o seu coração.

Se um homem abandonar sua primeira esposa, que não lhe deu filhos, ele lhe dará dinheiro de sua tirtatu ([3]) e lhe restituirá plenamente seu serigtu ([4]) que ela trouxera do, casa de seu pai, depois ele a abandonará.

Se ele não tiver tirtatu, ele lhe dará uma meia-mina de prata para abandoná-la.

---

1. *Sugetum* – esposa de segunda categoria: quando a esposa (salme) não podia dar filhos, o homem tinha direito de casar-se novamente; a sugetum nem bem era a primeira esposa, nem uma concubina escrava.

2. *Salme* – esposa.

3. *Tirtatu* – pagamento que os noivos efetuavam aos sogros, pela mulher que adquiriam; habitualmente o dinheiro era administrado pela própria mulher e funcionava como garantia, no caso de separação dos cônjuges.

4. *Serigtu* – dote.

108 A EDUCAÇÃO, A FAMÍLIA, A MULHER

Se se tratar de um muskenum ([5]), ele lhe dará um terço de mina de prata.

Se a esposa de um homem, que habita a casa deste homem, quiser sair e (se) ela tiver o hábito de fazer extravagâncias, desorganizar a casa, negligenciando o marido, ela deverá ser persuadida;

e se seu marido decidir repudiá-la,

ele a repudiará,

ele não lhe dará nada para sua viagem nem pelo seu repúdio.

Se seu marido decidiu não repudiá-la,

seu marido tomará outra mulher,

esta mulher (a primeira) habitará na casa de seu marido como escrava.

Se uma mulher odeia seu marido e lhe disser "tu não mais me terás como esposa",

aquilo que está por detrás de sua conduta, a respeito de sua culpabilidade será esclarecido;

Se ela for zelosa e não tiver culpa e se seu marido sai e a negligencia muito,

esta mulher não cometeu erro; ela tomará seu dote e irá para a casa de seu pai,

Se ela não for zelosa e costumar sair dissipando seus bens, negligenciando o marido,

esta mulher será lançada n'água.

Código de HAMURÁBI, §137-143

62. *O divórcio entre os hebreus*

SE UM HOMEM TOMAR UMA MULHER E SE CASAR COM ELA e se ela não o atrair, por ter encontrado algo indecente nela e se ele lhe lavrar e entregar um termo de divórcio despedindo-a de casa;

---

5. *Muskenum* – elemento situado, socialmente, entre o homem livre (awilum) e o escravo.

A EDUCAÇÃO, A FAMÍLIA, A MULHER   109

e se, saindo da sua casa, for e se casar com outro homem, e se este a aborrecer, e lhe lavrar e entregar termo de divórcio e a despedir da sua casa, ou se ele vier a morrer, então seu primeiro marido, que a despediu, não poderá tornar a desposá-la, para que seja sua mulher, depois que foi contaminada: pois é abominação perante o Senhor; assim não farás pecar a terra que o Senhor teu Deus te dá por herança.

DEUTERONÔMIO 24, 1-4

63. *O adultério no Código de Hamurábi*

SE A MULHER DE UM HOMEM TIVER SIDO PEGA DORMINDO com outro varão,
 ambos serão atados e lançados n'água;
 Se o senhor (o marido) da esposa permitir que sua esposa viva, o rei deixará com vida seu servidor (o outro homem).
 Se um homem violentou a esposa de um homem, que não conheceu o marido e ainda habita a casa de seu pai, e se deitou sobre seu seio, e (se) for pego,
 este homem será morto e a mulher inocentada.
 Se a esposa de um homem tiver sido expulsa pelo marido e sem ter sido pega em flagrante dormindo com outro varão,
 ela jurará pela vida de Deus e tornará à sua casa.
 Se o dedo tiver sido apontado para a mulher de um homem por causa de um outro varão e (se) ela não tiver dormido com outro varão,
 por causa de seu marido (para apaziguá-lo) ela mergulhará no deus rio[1].

Código de HAMURÁBI, § 129-132

---

1. O rio irá acusar ou inocentar a mulher, de acordo com critérios ainda não esclarecidos pelos especialistas.

110 A EDUCAÇÃO, A FAMÍLIA, A MULHER

64. *O adultério entre os hebreus*

Se um homem for encontrado deitado com uma mulher casada, ambos morrerão, o homem que se deitou com a mulher e a mulher: assim eliminarás o mal de Israel.

Se houver moça virgem, desposada e um homem a achar na cidade e se deitar com ela,

então trareis ambos à porta daquela cidade, e os apedrejareis até a morte; a moça porquanto não gritou na cidade e o homem, porque humilhou a mulher do seu próximo: assim eliminarás o mal do meio de ti.

Porém se algum homem no campo achar moça desposada e a forçar a se deitar com ele, então morrerá só o homem,

à moça não farás nada: ela não tem culpa de morte; porque esse caso é como o do homem que se levanta contra o seu próximo e lhe tira a vida.

Pois a achou no campo; a moça desposada gritou e não houve quem a livrasse.

DEUTERONÔMIO 22, 22-27

65. *A educação espartana*

Quando uma criança nascia, o pai não tinha direito de criá-la: devia levá-la a um lugar chamado *lesche*. Lá assentavam-se os Anciãos da tribo. Eles examinavam o bebê. Se o achavam bem encorpado e robusto, eles o deixavam. Se era mal nascido e defeituoso, jogavam-no no que se chama os Apotetos, um abismo ao pé do Taigeto. Julgavam que era melhor, para ele mesmo e para a cidade, não deixar viver um ente que, desde o nascimento, não estava destinado a ser forte e saudável...

Os filhos dos espartanos não tinham por domésticos, escravos ou assalariados. Licurgo proibira-o. Ninguém tinha permissão para criar e educar o filho a seu gosto. Quando os

A EDUCAÇÃO, A FAMÍLIA, A MULHER

meninos completavam sete anos, ele próprio os tomava sob sua direção, arregimentava-os em tropas, submetia-os a um regulamento e a um regime comunitário para acostumá-los a brincar e trabalhar juntos. Na chefia, a tropa punha aquele cuja inteligência sobressaía e que se batia com mais arrojo. Este era seguido com os olhos, suas ordens eram ouvidas e punia sem contestação. Assim sendo, a educação era um aprendizado da obediência. Os anciãos vigiavam os jogos das crianças. Não perdiam uma ocasião para suscitar entre eles brigas e rivalidades. Tinham assim meios de escutar, em cada um, as disposições naturais para a audácia e a intrepidez na luta. Ensinavam a ler e escrever apenas o estritamente necessário. O resto da educação visava acostumá-los à obediência, torná-los duros à adversidade e fazê-los vencer no combate. Do mesmo modo, quando cresciam, eles recebiam um treinamento mais severo: raspavam a cabeça, andavam descalços, brincavam nus a maior parte do tempo. Tais eram seus hábitos. Quando completavam doze anos, não usavam mais camisa. Só recebiam um agasalho por ano. Negligenciavam o asseio, não conheciam mais banhos nem fricções, a não ser em raros dias do ano, quando tinham direito a essas "boas maneiras". Dormiam juntos, agrupados em patrulhas e tropas, sobre catres que eles próprios fabricavam com juncos que crescem às margens do Eurotas e que quebravam sem faca, com as mãos. No inverno, colocavam nos seus catres o que se chama de *lycophones*. Parece que essas plantas têm poder calorífico.

Nessa idade, encontravam amantes entre jovens de boa família. Então, crescia ainda mais o zelo dos Anciãos: assistiam aos seus exercícios, olhavam-nas lutar ou brincar entre si. Não negligenciavam nada, considerando-se, de certa forma, todos para todos, pais, mestres e chefes. Não davam oportunidade nem refúgio ao culpado para escapar à reprovação ou ao castigo. No entanto, era também escolhido um *paidonome* entre as pessoas consideradas e, para chefiá-la, cada tropa escolhia o mais sério e o mais combativo dos que se chamam *irenes*. Chamam-se *irenes* aqueles que saíram há um ano da categoria dos *paides*,[1] e *mellirenes* os mais velhos dos *paides*. Este *irene*, que tem vinte anos, comanda

---

1. Crianças. Mas, para os gregos, era-se *pais* até a puberdade, em geral 18 anos.

112   A EDUCAÇÃO, A FAMÍLIA, A MULHER

seus subordinados nos exercícios militares e, no quartel, encarrega-os das tarefas domésticas, nas refeições. Manda os mais fortes trazerem lenha e, os menores, legumes. Para tanto, eles devem roubar. Uns penetram nos jardins, outros nos alojamentos dos homens, e devem usar muita destreza e precaução: quem for apanhado, é chicoteado sob pretexto de que não passa de um ladrão preguiçoso e inábil. Eles roubam toda a comida possível e adquirem prática para ludibriar quem dorme ou os guardas preguiçosos. Aquele que for apanhado, está sujeito a chicotadas e jejum. Com efeito, sua alimentação é escassa. Obrigam-nos a defenderem-se por si mesmos contra as restrições e recorrer à audácia e à destreza...

As crianças tomam tanto cuidado em não ser apanhadas quando roubam, que uma delas, conforme se conta, depois de roubar uma raposa que tinha enrolado no seu agasalho, se deixou arrancar o ventre pela fera que lhe cravou os dentes e as garras. Para não ser descoberta, resistiu até a morte. Essa estória não é de estranhar se se considera os efebos atuais. Muitos, no altar de Ortia, deixam-se chicotear até morrer. Eu pude vê-los. Após a refeição, o *irene*, ainda na mesa, mandava uma das crianças cantar, à outra fazia uma pergunta cuja resposta exigia reflexão, por exemplo: "Qual é o melhor cidadão?" ou "Qual é o mérito da conduta deste ou daquele?" Assim, eles eram treinados para apreciar o valor e interessar-se pela vida da cidade desde a meninice. Se a criança a que se perguntava quem era um bom cidadão ou quem era indigno de estima não sabia responder, via-se aí índice de uma alma lerda e pouco ciosa do valor. Além disso, a resposta devia conter sua razão e sua justificativa, condensadas numa fórmula breve e concisa. A resposta descabida trazia uma punição. O autor era mordido no polegar pelo *irene*. Frequentemente, os Anciãos e os magistrados estavam presentes para ver o *irene* punir as crianças e mostrar se o fazia devidamente e como convinha. Não impediam que ele as castigasse. Mas, após a partida das crianças, ele devia explicar se fora demasiado severo no castigo ou, ao contrário, se fora indulgente e brando demais.

PLUTARCO, A Vida de Licurgo
XVI, 1-2
7-14
XVII, 1-6
XVIII, 1-7

A EDUCAÇÃO, A FAMÍLIA, A MULHER 113

66. *A hierarquia familiar em Atenas*

O HOMEM LIVRE MANDA NO ESCRAVO, O MACHO NA FÊMEA e o pai na criança, de maneiras diferentes. *E, se bem que partes da alma estejam presentes em todos estes seres, aí estão representadas de modos diversos: o escravo está totalmente privado da parte deliberativa; a fêmea a possui, mas desprovida de autoridade; quanto à criança, ela também a possui, mas não desenvolvida.* Devemos pois supor, necessariamente, que o mesmo acontece no que diz respeito às virtudes morais: todos as têm, mas não da mesma maneira, cada um as possui apenas na medida exigida para realizar a tarefa que lhe foi pessoalmente destinada. Eis porque, ao passo que aquele que comanda deve possuir a virtude ética em sua plenitude, (pois sua tarefa, tomada no sentido absoluto, é a do senhor que dirige soberanamente e a razão é uma diretriz), basta que os outros tenham somente a soma de virtude apropriada ao papel de cada um. Logo, é evidente que uma virtude moral pertence a todos os seres de que falamos, mas é também evidente que a moderação não é a mesma virtude no homem e na mulher, nem tampouco a coragem e a justiça, como pensava Sócrates: em verdade, no homem a coragem é uma virtude de comando e, na mulher, uma virtude de sujeição e o mesmo pode-se dizer das outras virtudes. Essa diversidade aparece em toda sua clareza quando as coisas são examinadas com detalhes; pois enganam-se completamente os que sustentam que a virtude consiste no bom estado da alma ou na ação honesta, ou algo parecido: é melhor enumerar, a exemplo de Górgias, as diferentes virtudes particulares, do que definir a virtude daquela maneira. Assim, devemos pensar que todas as classes têm sua virtude própria, como disse das mulheres o poeta:

Para uma mulher, o silêncio é fator de beleza[1],

afirmação que não é absolutamente válida para um homem. E, dado que a criança é insuficientemente desenvolvida, é evidente que também sua virtude não lhe está subordinada,

---

1. Sófocles, *Ajax*, 293.

114   A EDUCAÇÃO, A FAMÍLIA, A MULHER

mas depende do próprio fim da criança, vale dizer, de quem dirige sua conduta. Da mesma forma, a virtude de um escravo é relativa a seu senhor.

No que diz respeito ao homem e à mulher, ao pai e aos filhos, a questão da virtude própria de cada um, de suas relações mútuas, o que convém ou não fazer neste particular, quais são os meios de procurar o bem e evitar o mal, tudo isto deve ser discutido na parte do tratado que examina as diferentes formas de governo. *Com efeito, se cada família é uma parte da cidade , se as diversas relações de que falamos são elementos da existência familiar e se, por outro lado, a virtude da parte deve ser considerada em relação à da totalidade, convém prover a educação das crianças e das mulheres levando sempre em conta a constituição da cidade, pois importa, para o bem do Estado, que as crianças e as mulheres sejam ambos cheios de ardor pelo bem.* Ora, esta importância é inegável, pois as mulheres formam a metade da população livre, e as crianças serão, no futuro, cidadãos que participarão do governo da cidade.

ARISTÓTELES, Política, I, 13, 1260 ss.

67. *A roupa das mulheres de Atenas*

Quando os atenienses desembarcaram em: Egina, os argianos vieram socorrer os eginetas; tendo permanecido na ilha, secretamente, desde Epidauro, atacaram subitamente os atenienses e cortaram-lhes sua retirada para os navios. Houve ao mesmo tempo trovões e um tremor de terra.

Argianos e eginetas concordam em dizer – e os próprios atenienses o reconhecem – que houve apenas um homem entre estes que conseguiu escapar. A única diferença é que os argianos afirmam que tal homem sobreviveu à derrota infligida por eles. De qualquer forma, enquanto que os atenienses colocam a divindade em pauta, na realidade, ninguém escapou, pois o único sobrevivente pereceu da seguinte maneira: assim que voltou a Atenas, anunciou o malogro. Ante tal con-

A EDUCAÇÃO, A FAMÍLIA, A MULHER   115

fissão, as mulheres, cujos maridos tinham partido para Egina, indignadas pelo fato de um só ter sobrevivido, cercaram por todos os lados o infeliz e o agrediram com as fivelas de seus vestidos, cada uma perguntando onde estava seu marido! Isto foi seu fim, e para os atenienses o crime de tais mulheres pareceu mais terrível ainda que sua derrota. Não sabendo com que castigo puni-las mudaram a roupa que vestiam pela da Jônia. Antigamente, as atenienses usavam uma roupa dórica, semelhante à de Corinto; esta foi substituída por uma túnica de linho, para impedir o uso de fivelas!

HERÓDOTO, Histórias, V, 86-87

68. *O papel da mulher romana*

R ÔMULO MANTEVE AS MULHERES EM GRANDE E SÁBIA MODÉSTIA, graças aos estabelecimento de uma única lei, (que a todas as outras superava como mostraram os fatos), a qual estipulava que uma mulher casada, conforme a união sagrada do matrimônio, devia participar de todos os bens do marido e de todas as coisas santas.

DIONÍSIO DE HALICARNASSO, Antiguidades Romanas,
25, 2

69. *A complacência do romano com relação à mulher*

C EDA DIANTE DA SUA TEIMOSIA: CEDENDO VOCÊ VENCERÁ. Esforce-se no sentido de desempenhar o papel que ela ordenar. Se ela resmungar, resmungue; tudo aquilo que ela aprovar, aprove também; diga o que ela disser, negue o que ela negar. Se ela rir, ria também; se ela chorar, pense em chorar. Que ela comande as expressões de seu rosto. Ela deseja jogar? Se ela jogar dados, jogue você na sua vez, mas mal, deixando-a ganhar. Se estiverem jogando o jogo dos "ossinhos", para evitar-lhe a sanção de uma derrota, procure levar a pior recorridamente.

116 A EDUCAÇÃO, A FAMÍLIA, A MULHER

Se seus peões avançam como "bandidos", faça com que seus soldados pereçam, face a seus adversários de cristal. Segure-lhe sua sombrinha aberta, abra-lhe um caminho na multidão, apresse-se em se aproximar do degrau de seu leito elegante, retire ou coloque o calçado de seu pé delicado. Muitas vezes, quando ela tiver frio, apesar de seus próprios arrepios, é preciso esquentar-lhe a mão. E não se enrubeça (embora havendo porquê), se lhe agradar que sua mão, como a de um escravo, segure seu espelho. Diz-se entre as jovens jônicas, que aquele que (Hércules), por ter matado monstros cansou sua madrasta (Juno) e mereceu o céu após tê-lo trazido, recebeu a corbelha por suas obras, depois de penar no trabalho com pesados fardos (Os Doze Trabalhos). Foi dócil às ordens de sua mulher, o herói de Tirinto: não venham, pois, se queixar por suportar aquilo que ele suportou!

OVÍDIO, Arte de Amar, II, 197-222

70. A educação liberal romana

Mício. – Stórax?... Ésquines não voltou esta noite depois do jantar e nenhum de seus pequenos escravos que tinham ido com ele. Sim, tem-se razão em dizer: "Saia e demore-se um pouco: é melhor dar motivos à imaginação de uma esposa em fúria, do que à de pais carinhosos". Pois, você estando ausente, sua mulher imagina que você esteja cortejando uma senhora ou esteja sendo cortejado, esteja bebendo ou se divertindo, que você somente passe horas agradáveis, enquanto ela não tem senão aflições. Mas eu, porque meu filho não voltou, que imaginações, que inquietudes! E se ele se resfriou? Se caiu? Se quebrou algum membro? Ah! Que loucura a de se ter e encerrar no coração alguém que lhe seja mais caro que você mesmo. Além disso, este garoto não é meu filho, mas o de meu irmão. E este irmão, desde sua adolescência, tinha um temperamento muito oposto ao meu: eu me deixei levar por esta boa vida de cidade, pelo lazer, nunca me casei (e nisto, diz-se, reside a felicidade). Ele, muito ao contrário, vive no campo, mesquinho e sovina, casou-se e teve dois filhos. Então adotei o mais velho, e criei-o desde a sua tenra infância; considerei-o e amei-o como

A EDUCAÇÃO, A FAMÍLIA, A MULHER 117

meu próprio filho; ele me dá alegria e é minha única ternura.
Faço tudo para que ele me pague da mesma moeda: dou, fecho
os olhos e não creio ser indispensável abusar com rigor de meus
direitos; enfim, eduquei meu filho a nunca me fazer segredo de
suas loucuras de mocidade que os outros escondem do pai. Pois,
aquele que começou a mentir ou enganar seu pai, quem teve esta
audácia, sofrerá o mesmo muito mais com os outros. Creio que
sentimentos de honra e de dignidade valem mais para reter as
crianças do que o temor. Meu irmão não é da mesma opinião;
tais princípios não lhe agradam. Ele vem frequentemente me
ver aos brados: "Que é que anda acontecendo com você, Mício?
Por que você mima nosso jovem? Por que tem ele uma amante
e vai ao cabaré? Por que você contribui para sua manutenção e
o veste tão bem? Isto ultrapassa os limites do bom senso". No
entanto, ele ultrapassa os da dureza, sem justiça nem precaução
e, me parece que se engana profundamente, pensando que um
poder assentado na força seja mais estável e durável que aquele
que concilia a amizade. Sim, eis meu raciocínio e meu sentimento
íntimo: aquele que apenas os golpes obrigam ao dever, não toma
cuidado, senão quando pensa que é observado; caso contrário,
rapidamente volta a seu normal. Cabe a você retribuir os benefícios dos seus próximos que agem com boa vontade, igualmente,
longe ou perto de você. *Cabe ao pai habituar seu filho a fazer o
bem, mais por vontade própria do que por temor a outrem. Eis a
diferença entre um pai e um senhor. Se você não souber fazer com
que as crianças o obedeçam, ao menos confesse-o.*

TERÊNCIO, Adelfos, 26-77

71. *A vida marital dos bárbaros*

N A GERMÂNIA, OS CASAMENTOS SÃO CASTOS, E ENTRE SEUS costumes, são os que mais merecem elogios. *Pois, os bárbaros,
são quase os únicos que se contentam, cada um, com
uma só esposa, com exceção de alguns personagens que, pondo de
lado a sensualidade, são solicitados para várias uniões por causa
de sua nobreza.* Não é a esposa que traz o dote ao marido, mas o
marido à esposa. O pai e a mãe, assim como os parentes, assistem

118   A EDUCAÇÃO, A FAMÍLIA, A MULHER

à cerimônia e apreciam os presentes, os quais são escolhidos, não para o encanto de uma mulher nem para adornar a jovem esposa, mas são bois, um cavalo com rédeas, um broquel com uma lança e um gládio. Em troca desses presentes, a esposa é recebida e ela, por sua vez, traz ao marido algumas armas: tal é o laço supremo, tais são os ritos místicos, tais são, para eles, os deuses do matrimônio. Para que a mulher não pense que os nobres projetos e os imprevistos da guerra são para os outros, os auspícios de seu casamento que começa, advertem-na que ela vai compartilhar os trabalhos e os perigos, assumir e encarar o mesmo destino durante a paz, o mesmo destino durante o combate: é o que anunciam os bois atrelados, o cavalo equipado, as armas presenteadas. Assim deverá ela viver e conceber: o que recebe, entregará intacto e puro a seus filhos, suas noras recebê-lo-ão e tudo passará, mais tarde, a seus netos.

TÁCITO, A Germânia, 18, 1-5

Agrupamentos Humanos

72. *A vida comunitária: base econômica*

E XISTEM NUMEROSOS TIPOS DE ALIMENTAÇÃO QUE DETERMINAM diversos modos de vida, tanto nos animais como nos homens; com efeito, como não é possível viver sem alimentos resulta que os diferentes tipos de alimentação produziram, entre os animais, diferenças correspondentes no modo de vida. Assim, entre os animais selvagens, uns vivem em grupos, outros isolados: em ambos os casos, vivem da maneira mais adaptada a seu tipo de alimentação, dado que alguns são carnívoros, outros herbívoros, outros onívoros; de tal forma que a natureza determinou seu modo de vida, de acordo com a facilidade de encontrar o alimento de sua escolha. E, como um mesmo tipo de alimentação não é, naturalmente, agradável a todas as espécies animais, indistintamente, sendo que uma prefere este alimento e outra aquele, resulta que, mesmo dentro do grupo dos carnívoros e do grupo dos herbívoros, diferem os modos de vida. O mesmo acontece com os homens, pois existem entre eles grandes diferenças no modo de viver. Os mais indolentes são pastores (pois conseguem, sem dificuldade nem esforço, o alimento fornecido pelos animais domésticos; *mas, como os rebanhos devem necessariamente mover-se por causa dos pastos, os homens também são obrigados a acompanhá-los, como se cultivassem uma terra dotada de vida*). Outros homens vivem da caça, uns preferindo este gênero de caça, outros aquele; alguns, por exemplo, vivem de pilhagem, outros vivem da pesca: são

120 AGRUPAMENTOS HUMANOS

todos aqueles que vivem perto dos lagos, dos pântanos, dos rios ou de um mar piscoso; outros alimentam-se de pássaros ou de animais selvagens. Mas, de um modo geral, a raça humana vive, principalmente, da terra e do cultivo de seus produtos. Eis, pois, a enumeração mais ou menos completa dos diferentes modos de vida, pelo menos daqueles cuja atividade produtora é autônoma, e que não recorrem à troca, nem ao comércio a varejo para conseguir alimentos: tal é o modo de vida do pastor, do agricultor, do salteador, do pescador, do caçador. Outros homens exercem simultaneamente várias destas ocupações e levam uma existência confortável, completando o ganho insuficiente da ocupação menos lucrativa, na medida em que esta não pode assegurar-lhes os meios de se bastarem a si mesmos: por exemplo, uns levam ao mesmo tempo uma vida de pastor e uma vida de salteador, outros uma vida de agricultor e uma vida de caçador e assim por diante, na medida em que são obrigados pela necessidade.

ARISTÓTELES, Política, I, 8, 1256ss.

73. *O Mundo Antigo*

A IMENSIDÃO DO GLOBO TERRESTRE QUE AS ONDAS DO oceano batem de todos os lados, está dividida, pelos historiadores e pelos cosmógrafos, em três partes: a primeira, entre o setentrião e o sul, estendendo-se para o oriente, é a Ásia; a segunda, na desembocadura do Tana e na fronteira com os hircanos onde ela encontra a Ásia, entre o oceano setentrional e o Mediterrâneo, é limitada, ao ocidente, pela extremidade das Espanhas, é a Europa; a terceira, que começa no Egito e no Nilo, depois de deixar os confins da Ásia, prolonga-se entre o sul e o Mediterrâneo e acaba ao ocidente, nas costas do oceano Atlântico, é a África.

MESSALA CORVINO, II

AGRUPAMENTOS HUMANOS 121

74. *A cidade ideal, segundo Aristóteles*

Já INDICAMOS QUE, NA MEDIDA DO POSSÍVEL, A CIDADE DEVE estar em comunicação, ao mesmo tempo, com o interior do país, o mar e a totalidade de seu território. Quanto à sua localização, é recomendável que a cidade esteja num lugar escarpado, levando em conta quatro considerações. De início, como um requisito indispensável, vejamos o que diz respeito à saúde (pois as cidades voltadas para o leste e para os ventos que sopram do Levante são as mais sadias; em segundo lugar, vem aquelas protegidas contra os ventos do norte, porque conhecem um inverno mais suave). Entre as demais considerações, um lugar escarpado é favorável ao mesmo tempo à atividade política e aos trabalhos da guerra. Tendo em vista as operações militares, a cidade deve oferecer a seus cidadãos uma saída fácil, assim como deve dificultar o acesso e o ataque para os adversários; antes de tudo, ela deve ter águas e fontes naturais em abundância (porém, se tal não acontece, já se encontrou o meio de obtê-las, pela construção de cisternas vastas e profundas que recolhem a água da chuva, de modo que, em tempo de guerra, a água nunca falte aos cidadãos isolados do resto do país). Uma vez resolvidos os problemas da saúde dos habitantes – que depende principalmente de uma localização judiciosamente escolhida, num terreno sadio e bem exposto, – e em segundo lugar, da utilização das águas salubres, o ponto seguinte merece igualmente nossa especial atenção: as coisas de maior e mais frequente consumo são também as que mais contribuem para a nossa saúde e a influência das águas e do ar possui esta propriedade de que falamos. Eis porque nos Estados sabiamente governados, se todas as fontes não são igualmente puras e se há carência de fontes de boa qualidade, as águas que servem para a alimentação devem ser separadas das que são destinadas para outras coisas.

No que diz respeito aos lugares fortificados, a solução a adotar não é a mesma em todas as formas de constituição: assim, uma cidadela convém a uma oligarquia ou a uma monarquia, e uma região plana a uma democracia; uma aristocracia não escolherá nem um nem outro, mas sim um grande número de praças fortes. Por outro lado, a maneira de dispor as casas dos particulares é, na opinião geral, mais agradável e responde melhor às necessidades gerais da vida, quando as ruas são bem alinhadas e ao gosto moderno de Hipódamo; mas, para garantir a segurança em tempo de guerra, é preferível outro método de construir, usado antigamente, que torna difícil para as tropas estrangeiras a saída da cidade, assim como dificulta a orientação dos assaltantes. Por isso, convém combinar essas duas maneiras de construir (o que é possível se se dispõem as casas como os agricultores plantam as vinhas, em *quincunco*, conforme a expressão) e evitar a disposição em linha reta de toda a cidade, mas apenas alguns setores e bairros: assim, segurança e elegância serão harmoniosamente combinadas.

Passemos à questão das muralhas. Quem acha que as cidades com pretensões militares não precisam de muralhas, defende uma opinião superada: as cidades que se abandonam a essa vaidade pueril são desmentidas pelos fatos. Com efeito, contra um inimigo de igual valor ou ligeiramente superior em número, não é muito nobre procurar a salvação por detrás de muralhas fortificadas. Mas é também possível e na realidade acontece –, que a superioridade dos assaltantes seja tal, que as forças humanas e o heroísmo de um pequeno número, não possam resistir; portanto, se queremos que a cidade sobreviva e não sofra nenhum dano ou ultraje, somos obrigados a pensar que as muralhas mais solidamente fortificadas constituem a proteção militar mais segura, sobretudo na nossa época, em que as invenções, no domínio da balística e das máquinas de cerco, atingiram grande precisão. Opor-se à construção de muralhas em torno das cidades é tão insensato quanto querer abrir o país à invasão e destruir as regiões montanhosas que o circundam; é como recusar-se a cercar de muros as casas dos particulares, com medo de torná-los covardes.

Há outro aspecto que deve ser considerado: é que, aqueles cuja cidade está cercada de muralhas, têm sempre a possibilidade de utilizar a cidade de duas maneiras, seja como cidade fortificada, seja como cidade aberta, possibilidade que as cidades desprovidas de muralhas não têm. Se essas conclusões têm fundamento, será preciso, não somente construir muralhas em torno das cidades, mas tomar cuidado para que elas

AGRUPAMENTOS HUMANOS

embelezem a cidade e respondam às necessidades da guerra, (principalmente aos processos recém descobertos). Com efeito, da mesma forma que os atacantes usam todos os meios que possam conduzi-los à vitória, também os defensores devem, primeiro, usar todos os processos já conhecidos, depois procurar e imaginar outros, porque não se esboça a menor tentativa de ataque contra aqueles que estão bem preparados.

ARISTÓTELES, Política, VII, 11, 1330/4

75. *Jesusalém para os judeus na Babilônia*

J UNTO AOS RIOS DA TERRA AMALDIÇOADA
de Babilônia, um dia nos sentamos
com saudades de Sião amada.

As harpas nos salgueiros penduramos,
e ao relembrarmos os extintos dias
as lágrimas do olhos desatamos.

Os que nos davam cruas agonias
de cativeiro, ali nos perguntavam
pelas nossas antigas harmonias.

E dizíamos nós aos que falavam:
"Como, em terra de exílio, amargo e duro,
cantar os hinos que ao Senhor louvavam?

Jerusalém, se inda num sol futuro
eu desviar de ti meu pensamento,
e teu nome entregar a olvido escuro,

a minha destra a frio esquecimento
votada seja; apegue-se à garganta
esta língua infiel, se um só momento

me não lembrar de ti, se a grande e santa
Jerusalém não for minha alegria
melhor, no meio de miséria tanta.

124 AGRUPAMENTOS HUMANOS

Oh, lembra-lhes, Senhor, aquele dia
da abatida Sião, lembra-lhe aos duros
filhos de Edom, e à voz que ali dizia:

"Arruinai-a, – os muros
arrasemo-los todos; só lhe baste
um montão de destroços mal seguros."

Filha de Babilônia que pecaste,
abençoado o que se houver contigo
com a mesma opressão que nos mostraste!

Abençoado o bárbaro inimigo
que os tenros filhos teus às mãos tomando
os for, por teu justíssimo castigo,
contra um duro penedo esmigalhado."

SALMO 137

76. O porto do Pireu

O PIREU ERA HABITADO DE HÁ MUITO. NO ENTANTO, ANTES do governo de Temístocles em Atenas, ele não era um porto. O porto era Falera, pois ali o mar não era muito distante da cidade. Diz-se que daí partiu a frota de Menesteu para Troia e, mais remotamente a de Teseu, quando foi dar satisfações a Minos pelo assassinato de Androgeu. No entanto, assim que Temístocles assumiu o governo, pareceu-lhe que o Pireu era muito mais prático para os marinheiros, bem como dispunha de três enseadas ao invés de uma única como em Falera. Instalou, pois, ali, o porto dos atenienses. Encontramos, ainda hoje, os arsenais e, próximo à grande enseada, o túmulo de Temístocles. Diz-se, com efeito, que os atenienses se arrependeram do caso de Temístocles e foram buscar seus ossos na Magnésia, para trazê-los de volta para seu território. Parece também que os filhos de Temístocles puderam voltar a Atenas e que colocaram uma inscrição no Partenon, onde está gravado o nome de Temístocles.

AGRUPAMENTOS HUMANOS 125

Dentre as curiosidades do Pireu, aquela que mais merece uma visita é o santuário de Atenas e Zeus. As duas divindades estão esculpidas em bronze: Zeus, com o cetro e a Vitória, e Atenas com a lança. Foi lá que Leóstenes (o general da coalizão ateno-panelênica, que triunfou sobre os macedônios numa batalha na Beócia e numa segunda, nas Termópilas e que conseguiu prendê-los à força na cidade de Lamia, sob o Oita), foi retratado com seus filhos, pelo pintor Arkesilas. Há igualmente o Longo Pórtico, onde se situa a Praça do Mercado da Marinha. Há ainda uma outra praça do Mercado para aqueles que estão mais afastados do porto. Atrás do Pórtico da Marinha, há estátuas de Zeus e do Povo, em pé, obras de Leochares. À beira mar, Conom mandou construir um santuário para Afrodite, depois de ter vencido a frota lacedemoniana perto do promotório de Cnido na Cária.

PAUSÂNIAS, Periegese, I, I, 2-3.

77. *A fundação de Alexandria*

CHEGADO A CANOPO, E TENDO CIRCUNDADO O LAGO MAREÓTIS ele desembarca lá onde foi fundada a atual cidade de Alexandria, a qual deve seu nome a Alexandre. Pareceulhe que o lugar era muito bonito para fundar uma cidade e que ela iria prosperar.

A vontade de colocar mãos à obra, fez com que ele próprio traçasse o plano da cidade, o local da Ágora, dos santuários dos deuses (deuses gregos e da Ísis egípcia) e do muro externo. Ofereceu sacrifícios pelos projetos, sendo as vítimas favoráveis. Eis aqui aproximadamente a história que não considero de todo inacreditável: Alexandre queria, ele próprio, deixar aos operários o traçado do muro e como não tinha nada com que marcar o chão, um dos operários teve a ideia de espalhar toda a farinha contida nos vasilhames dos soldados, pelo local indicado pelo rei; desta maneira, foi marcado o limite da cidade. Os adivinhos, em particular Aristandras e Telmissa, dos quais se diz serem verdadeiras as previsões feitas a Alexandre, acrescentaram mesmo que esta cidade seria rica, sobretudo por causa dos produtos da terra.

ARRIANO, III, 1, 5-2, 2

126 AGRUPAMENTOS HUMANOS

78. *A fundação de Marselha*

MARSELHA É UMA FUNDAÇÃO DOS FÓCIOS. ESTÁ SITUADA sobre um terreno rochoso. Seu porto encontra-se ao pé de uma falésia, em anfiteatro, voltada para o sul. Ela está solidamente fortificada, assim como toda a cidade, cuja extensão é considerável. Na acrópole, fundaram-se o Efesion e o santuário de Apolo de Delfos. Este último culto é comum a todos os jônios, mas o Efesion é o templo reservado a Artêmis de Éfeso. No momento em que os fócios levantavam âncora para deixar sua Pátria, conta-se que um oráculo caiu do céu, dizendo-lhes que tomassem para piloto de seus navios aquele que encontrasse perto da Artêmis de Éfeso. Tendo ido a Éfeso, procuraram conseguir, da deusa, aquilo que lhes fora prescrito. Aristarca, uma das mulheres mais respeitadas, viu em sonho a deusa a seu lado, ordenando que embarcasse com os fócios, levando uma cópia dos objetos sagrados. Assim foi feito e, quando os colonos chegaram ao termo de sua expedição, fundaram o santuário e conferiram a Aristarca um título honorífico particular, elegendo-a sacerdotisa. Em todas as cidades que eles colonizaram, adoravam essa divindade antes das outras; conservam, diante da estátua do culto, a mesma atitude e os mesmos cultos rituais que na metrópole.

ESTRABÃO, IV, 1-4

79. *A fundação de Roma: Eutrópio*

O IMPÉRIO ROMANO, DE INÍCIO TALVEZ O MAIS FRACO E *que se tornou, por suas conquistas, o Estado mais poderoso que jamais existiu na face da terra, tem sua origem em Rômulo, filho de uma sacerdotisa de Vesta e, ao que se acredita, de Marte.*

Rômulo nasceu com Remo, seu irmão gêmeo. Depois de viver entre os pastores, as armas sempre na mão, aos dezoito anos ele ergue uma pequena cidade no monte Palatino, no

AGRUPAMENTOS HUMANOS 127

dia onze das calendas de maio, durante o terceiro ano da sexta olimpíada, cerca de trezentos e noventa e quatro anos após a ruína de Troia, segundo as tradições mais ou menos exatas dos historiadores.

Após fundar a cidade, que chamou Roma, nome que tirou do seu, faz o que se segue: recebeu, na nova cidade, todos seus vizinhos; escolheu cem dos mais velhos para que o aconselhassem em todas suas ações; deu-lhes o nome de senadores, por causa de sua idade avançada. Mas, como ele e seu povo não tinham mulheres, convidou para os jogos as nações vizinhas de Roma e mandou raptar as moças. Este ultraje logo provocou guerras; os ceninenses, os antenates, os crustuminenses, os sabinos, os fidenates e os veientanos, cujas cidades estavam ao redor de Roma, foram vencidos. E, tendo Rômulo desaparecido durante uma súbita tempestade – após um reinado de trinta e seis anos –, acreditou-se que tinha sido recebido no céu: foram-lhe rendidas as honras da apoteose.

EUTRÓPIO, I, 1-2.

80. *A fundação de Roma: Tito Lívio*

CONTA-SE QUE O PRIMEIRO AGOURO APARECEU A REMO: eram seis abutres. Acabava de ser anunciado, quando Rômulo viu doze deles, e ambos foram proclamados reis por seus partidários. Um baseava suas pretensões na primogenitura, o outro no número das aves. Durante o debate que seguiu, sua cólera, aumentada pela resistência, ensanguentou a disputa. Em meio à desordem, Remo, ferido, cai morto. Uma tradição mais corrente relata que Remo, para insultar seu irmão, saltara as novas muralhas e que Rômulo, no arrebatamento da fúria, matou-o, dizendo: "Assim há de morrer aquele que transpor minhas muralhas." Rômulo ficou sendo, pois, o único chefe, e a nova cidade tornou o nome de seu fundador. Primeiro, ocupou-se de fortificar o monte Palatino onde fora criado; ofereceu sacrifícios aos deuses segundo o rito de Alba; apenas para Hércules, seguiu o rito grego, estabelecido por Evandro.

128 AGRUPAMENTOS HUMANOS

Conta-se que Hércules, vencedor de Gerião, conduziu para lá bois de rara beleza e que, depois de atravessar o Tibre a nado, tendo-os à frente, descansou às margens do rio para que o rebanho se refizesse nos pastos abundantes. Exausto, farto de carne e vinho, estendeu-se na relva e adormeceu. Um pastor da província, chamado Caco, temido por sua força extraordinária, foi seduzido pela beleza dos bois e decidiu tomar para si tão rica presa. Mas, trazê-los à sua caverna seria guiar para lá o dono, quando este seguisse o rasto. Ele então escolheu os mais belos e arrastou-os pelo rabo até sua habitação. Ao raiar do sol, Hércules desperta, olha seu rebanho, percebe que faltam alguns, e corre em direção à caverna vizinha para verificar se as pegadas iam para lá. Todas se afastavam dela. Não sabendo o que resolver diante desta incerteza, retirou seu rebanho desses pastos perigosos. Na hora de partir, alguns bezerros, sentindo falta das companheiras que tinham perdido, deram mugidos. Os que se encontravam no antro responderam e sua voz chamou a atenção de Hércules. Ele se precipitou em direção à caverna. Caco quis fechar o caminho, pediu em vão a ajuda dos pastores e caiu vítima da terrível clava.

Evandro, vindo do Peloponeso refugiar-se nestes lugares, tinha, sem autoridade real, grande influência; ele a devia ao conhecimento da escrita, cuja maravilha era nova para estas nações incultas e, mais ainda, à fé na divindade de sua mãe Carmenta, cujas predições tinham enchido de admiração esses povos, antes da chegada da Sibila à Itália. O ajuntamento dos pastores curiosos, em torno do estrangeiro culpado de um assassínio manifesto, chamou a atenção de Evandro, o qual se informa do fato e das causas que o trouxeram até aí; depois, considerando a estatura acima do normal, os traços nobres, ele pergunta ao herói quem é. Quando soube seu nome, o de seu pai e de sua pátria, disse: "Filho de Júpiter, Hércules, te saúdo. Minha mãe, infalível intérprete dos deuses, me predisse que tu devias assentar-se entre os habitantes do céu. A ti, a mais poderosa nação do mundo deve consagrar, neste mesmo lugar, um altar, que se chamará de maior, do qual fixarás o culto." Hércules estendeu-lhe a mão, dizendo que aceitava o agouro e que, para seguir o decreto do destino, ia erguer e consagrar o altar.

AGRUPAMENTOS HUMANOS 129

Escolhe o bezerro mais belo do rebanho e o primeiro sacrifício é oferecido a Hércules.

Os Potícios e os Pinários, as duas famílias mais ilustres da província, assistiram à cerimônia e ao festim. Aconteceu que os Potícios chegaram a tempo, e a carne da vítima lhes foi servida. Os Pinários só chegaram quando esta foi consumida e tomaram parte no final do festim. Vem daí o costume, conservado até a extinção da família Pinário, que lhe proibia a carne das vítimas imoladas. Os Potícios, instruídos por Hércules, foram durante vários séculos os ministros desse culto; mas, quando encarregaram os escravos públicos destas funções confiadas exclusivamente à sua família, todos pereceram. Tal culto foi o único que Rômulo imitou dos estrangeiros: já naquele tempo, ele aplaudia a virtude da imortalidade, para a qual seu destino conduzia.

Terminadas as cerimônias religiosas, ele reuniu numa assembleia geral a multidão que só os liames das leis podiam unir e ditou-lhe as suas; mas, persuadido de que convinha, para merecer o respeito desses homens grosseiros, engrandecer-se a si mesmo com as insígnias do poder, entre outras marcas exteriores de sua potência, elegeu doze litores. Acredita-se que ele escolheu este número por causa das aves que lhe tinham anunciado o império; mas sou da opinião dos que pensam que imitou os estruscos, seus vizinhos, a quem devemos as ordenanças e os outros oficiais, as cadeiras curules e a toga pretexta: nos etruscos, o número era de doze, porque doze povos elegiam em comum um rei, ao qual cada um dava um litor.

No entanto, a cidade crescia: estendia-se cada dia, devido mais às esperanças do fundador do que à população atual. Mas, para concretizar essa grandeza, para atrair as multidões, fiel à política dos fundadores de cidade que, aliciando homens ignorantes e desconhecidos, pretendem que a terra conceba cidadãos, Rômulo abriu um asilo no lugar hoje cercado, que se encontra na descida do Capitólio, nos bosques sagrados. A novidade logo atraiu uma multidão de homens livres e de escravos. Assim se deu o primeiro passo para a potência da qual se lançavam os alicerces. Satisfeito com suas forças, Rômulo escolhe os meios de usá-las. Elege cem senadores; este número pareceu-lhe suficiente,

130 AGRUPAMENTOS HUMANOS

ou talvez encontrasse apenas cem personagens dignos desse título. Receberam o nome honorífico de pais e seus descendentes o de patrícios.

TITO LÍVIO, I, VII-VIII.

81. *A Gália*

T ODA A GÁLIA ESTÁ DIVIDIDA EM TRÊS PARTES, UMA HABITADA pelos belgas, outra pelos aquitanos, a terceira por aqueles que nós chamamos gauleses, (em sua língua, celtas). Essas nações diferem entre si pela língua, pelos costumes e pelas leis. Os gauleses estão separados dos aquitanos pelo rio Garona, dos belgas pelo Marne e pelo Sena. São os belgas os mais valorosos desses povos; *estranhos aos elegantes costumes e à civilização da Província Romana, não recebem, do comércio exterior, os produtos de luxo que contribuem para enfraquecer a coragem:* além disso, vizinhos dos germanos que vivem do outro lado do Reno, estão continuamente em guerra com eles. Pela mesma razão, os helvécios superam em valor os demais gauleses: lutam, cotidianamente, com os germanos para repeli-los, ou para invadir seu território. A parte habitada pelos gauleses, situada ao norte, começa no Ródano e tem por limites o Garona, o oceano e o país dos belgas; vai também até o Reno, do lado dos helvécios e dos séquanos. O país dos belgas começa na fronteira extrema da Gália e está limitada pela parte inferior do Reno; está a nordeste. A Aquitânia está limitada pelo Garona, os Pirineus e o oceano, que banha também as costas da Espanha; está a noroeste.

JÚLIO CÉSAR, Guerra das Gálias, I, 1

Perfis

82. *Teseu*

D EPOIS DA MORTE DE EGEU, OCORREU A TESEU UMA grande e admirável reforma. Reuniu os habitantes da Ática numa só cidade. Passou a haver então uma só cidade, um só povo, para aqueles homens até então dispersos, avessos à ideia do interesse geral, que se opunham frequentemente, chegando a guerrear entre si. Ele foi às aldeias e nas famílias, propagar suas ideias. Os homens do povo e os pobres depressa aderiram à sua proposta; quanto aos poderosos, ele lhes fazia brilhar diante dos olhos a perspectiva de um Estado sem rei e de uma democracia que, reduzindo ele próprio ao nível de chefe militar e guardião das leis, asseguraria a igualdade a todos. Alguns acreditaram e outros, temendo seu poder já forte e sua decisão, resignaram-se a dar seu consentimento, para não serem coagidos. Consequentemente, em cada aldeia ele suprimiu os prítanes, as bulés, as magistraturas. Criou um só prítane e uma só bulé, comuns a todos, no lugar onde está agora a cidade. Ele chamou de Atenas a cidade e instituiu o sacrifício das Panateneias, igualmente comum. Fez o mesmo com o dos Metoikia, no dia 16 de Hecatombeion, que ainda hoje se comemora. Tendo em seguida renunciado à realeza, conforme tinha prometido, organizou o governo começando pelos deuses. Com efeito, ele tinha recebido o seguinte oráculo, quando fora a Delfos saber do futuro da cidade: "Filho de Egeu, ó Teseu, descendente da filha de Piteu, na verdade, meu pai colocou o destino e os fins de inúmeras cidades na sua fortaleza. Mas tu, guarda-te de edificar em teu coração muitos projetos. Com efeito, qual um odre, sobre as ondas do mar abrirás teu caminho". Mais tarde também, ao que se contou, a

132   PERFIS

Sibila ter-se-ia dirigido à cidade proferindo este verso: "Odre, cai na água; mas naufragar é proibido".

Com o objetivo de aumentar ainda mais a importância da cidade, ele fez um apelo a todos, em pé de igualdade: "Povos, vinde todos aqui", fazia proclamar Teseu pelo arauto, como se conta, porque queria fundar uma única Nação. No entanto, ele tinha consciência do perigo de a democracia tornar-se desorganizada e confusa pelo afluxo ilimitado das massas. Portanto, foi o primeiro a estabelecer uma distinção entre nobres, agricultores e operários. *Deu aos nobres o privilégio de conhecer as coisas divinas, serem magistrados, ensinar as leis e interpretar os costumes profanos e religiosos. Mas, de certa forma, ele os colocou no mesmo plano que os outros cidadãos, destacando-se os nobres pelo prestígio, os agricultores pela utilidade, os operários pelo número.* Que tenha sido ele o primeiro a inclinar-se para a massa, como afirma Aristóteles e a deixar o poder absoluto, é também o que parece testemunhar Homero no *Catálogo das Naus*, no qual apenas os atenienses recebem o nome de povo. Teseu também cunhou uma moeda; nela gravou um boi, seja por causa do touro de Maratona, seja para lembrar o general de Minos, seja para incentivar a agricultura. Daí vem a expressão: "a custo de cem bois" ou "de dez bois". Anexou solidamente à Ática a Mégara e mandou erigir no Istmo a famosa estela onde fez gravar a inscrição que demarca a fronteira do país em dois trímetros: o primeiro designava a região voltada para o leste: "Ali, não é o Peloponeso, mas a Jônia", o segundo a região voltada para o oeste: "Ali, é o Peloponeso, não a Jônia".

PLUTARCO, Vida de Teseu, XXIV, XXV, 1-4

83. *Temístocles*

TEMÍSTOCLES OCUPOU UM LUGAR IMPORTANTE JUNTO AO rei, como ainda não tinha havido na Grécia. Com efeito, o rei já tinha demonstrado anteriormente sua consideração por ele o depositava agora, nele, todas as suas esperanças de dominar o povo grego. No entanto, Temístocles multiplicava

PERFIS   133

sobretudo as provas de sua inteligência. *Com efeito, tratava-se de um homem que tinha demonstrado a genialidade mais verdadeira e que, por isso merecia, mais do que ninguém, uma admiração especial.* Apenas pela sua inteligência natural, para a qual os estudos nada acrescentaram, ele era muito bom para julgar imediatamente as situações depois de um mínimo de reflexão e era perfeito para prever a longo prazo o futuro. Quando tinha um caso em mãos, era capaz também de desincumbir-se dele com precisão. Quando lhe faltava experiência direta, isto não o impedia de julgar corretamente. Quando as vantagens e inconvenientes ainda não tinham surgido, tinha o dom de fazer previsões. Resumindo, o poder de sua genialidade e sua capacidade de concentração faziam dele um homem excepcional para improvisar o que quer que fosse. Faleceu em virtude de doença. Alguns afirmam que ele teria se envenenado, ante a impossibilidade de cumprir as promessas feitas ao rei.

TUCÍDIDES, I, 138, 2-4

84. *Alcibíades*

E LE DESEMBARCOU NO PIREU NO DIA EM QUE SE CELEBRAVAM as Plintérias, enquanto a estátua de Atenas permanecia coberta, o que alguns consideravam bem inoportuno para si, como para a cidade; com efeito, nenhum ateniense naquele dia ousaria se empenhar em algo sério. No seu desembarque, viu-se a massa vinda do Pireu e de Atenas se aglomerar ao lado dos navios. Eles não mudariam de ideia! Cada um queria contemplar Alcibíades. Uns diziam que ele era o mais forte dos cidadãos..., que tinha se justificado mostrando que seu exílio não fora imparcial, mas consequência de manobras de indivíduos menos poderosos que ele, que, através de maledicências visavam apenas vantagens pessoais, ocupando-se de negócios públicos. Ele, ao contrário, sempre fazia com que a comunidade se beneficiasse, seja por seus próprios recursos, seja pelos da cidade... Não quisera ele ser julgado, assim que fora acusado de impiedade, segundo os Mistérios? Foi através de acusações não justificadas que seus inimigos conseguiram obter, na sua ausência, que fosse

134 PERFIS

privado de sua Pátria. E então, reduzido à escravidão por falta de meios, foi obrigado a servir seus piores inimigos, arriscando quotidianamente sua vida! Via, no entanto, seus concidadãos mais próximos, seus parentes mais achegados, sua cidade inteira se desencaminhar, não podendo ser-lhes de nenhuma utilidade, uma vez que o exílio o impedia. Não cabia a pessoas como ele desejarem a revolução ou uma simples troca política, diziam. Ele deve à democracia o fato de possuir mais do que seus contemporâneos e que seus antepassados, não parecendo a nenhum de seus inimigos ser agora diferente do que tinha sido outrora... Outros diziam, ao contrário, que ele era a única causa das desgraças passadas, bem como se arriscava a ser o único responsável por aquilo que a cidade poderia vir a temer no futuro.

Alcibíades, no entanto, agora que tinha aportado, não tinha pressa em descer, pois temia seus inimigos: de pé na ponte, olhava para ver se seus amigos estavam lá. No entanto, assim que avistou seu primo Euriptolemo, filho de Peisianax e outros parentes e amigos, desembarcou. E ei-lo a subir até a cidade, cercado por uma escolta decidida a não deixar que ninguém o tocasse!

XENOFONTE, Helênicas, I, 4, 12-20

85. *Filipe*

NESTE HOMEM INDUSTRIOSO E HÁBIL, CAPAZ DE EXPLORAR todos os fatos, fazendo ora concessões, se for oportuno, ora ameaças que podem passar por críveis, caluniando-nos ou censurando nossa ausência, é de se temer sobretudo que ele desvie os acontecimentos futuros para tirar proveito deles. Entretanto, na realidade, ateniense, aquilo mesmo que faz de Filipe o adversário mais duro é também nosso maior trunfo. Todo-poderoso, único juiz do que deve ser dito ou silenciado, ao mesmo tempo general, chefe e tesoureiro, ele está em todos os lugares onde se encontra seu exército, o que constitui uma superioridade para guerra onde deve agir rápida e oportunamente (apesar dos prejuízos que isso pode trazer).

DEMÓSTENES, Primeira Olintíane, 3-4

86. Catão, o Antigo

Márcio Pórcio Catão nasceu em Túsculo; foi chamado à Roma por Valério Flaco. Foi tribuno militar na Sicília. Catão foi um questor muito corajoso sob Cipião e um pretor muito justo. Durante sua pretoria, conquistou a Sardenha onde tomou conhecimento das cartas gregas de Enio. Como cônsul, dominou os celtiberos e, para que estes não se revoltassem, enviou uma ordem escrita a cada uma das cidades para que seus muros fossem destruídos. Como cada uma das cidades pensou que tivesse sido a única a receber tal ordem, todas lhe obedeceram. Durante a guerra na Síria, na qualidade de tribuno militar sob as ordens de M. Acílio Glábrio, Catão se apossou dos cumes das Termópilas, expulsando a guarnição inimiga. *Como censor, expulsou do Senado o antigo cônsul L. Flamínio porque este tinha ordenado a degolação de um prisioneiro, em pleno banquete, na Gália, num espetáculo em homenagem a uma prostituta.* Catão foi o primeiro a dar seu nome a uma basílica que mandara construir. Opôs-se às matronas que exigiam de volta os adornos que lhes tinham sido tirados pela lei Ópia. Persistente acusador dos perversos, com a idade de oitenta anos acusou Galba, tendo sido acusado e absolvido com glória quarenta e quatro vezes. Concordou com a destruição de Cartago. Teve um filho com mais de oitenta anos. Costuma-se fazer alusão à sua figura por ocasião de funerais.

AURÉLIO VÍTOR, Homens Ilustres, 47

87. Catilina

Desde sua adolescência, Catilina cometera várias coisas abomináveis: seduziu uma donzela nobre, em seguida uma sacerdotisa de Vesta e outros insultos semelhantes às leis humanas e divinas. Enfim, apaixonado por Aurélia Orestila, de quem somente a beleza nunca mereceu o elogio das pessoas de bem e, como esta hesitasse em esposá-lo por temor a um neto que ele possuía de seu primeiro casamento, é certo que Catilina assassinou o jovem para garantir uma união infame. E isto me parece ser a causa principal que fez com que ele apressasse sua obra. Com efeito, de tanto ter seu espírito assolado por remorsos, sua alma desonrada, encolerizada contra os deuses e os homens, não podia mais encontrar sossego, nem na vigília, nem no repouso. Sua tez lívida, seus olhos ferozes, sua maneira de andar, ora precipitada, ora lenta, enfim, todo seu exterior, e sobretudo sua fisionomia traíam sua desordem interior.

Quanto aos jovens de que dispunha, atraídos por suas seduções, ele lhes fornecia, através de mil maneiras, a ciência completa do crime: utilizava-os como falsos testemunhos, como falsários, aproveitava-se de sua probidade, de sua fortuna, dos riscos que poderiam correr. Em seguida, tendo corroído todo seu sentimento de reputação e honra, ele lhes prescrevia tarefas mais graves. Mesmo se a ocasião de praticar o mal viesse a faltar, não havia descanso: houvesse ou não injúrias a vingar, ele mandava aprisionar, decapitar. Temendo, sem dúvida, que a ociosidade entorpecesse mãos e corações, preferia ser mau e cruel sem razão. Com o apoio de amigos tão fiéis de um lado e constatando por outro o endividamento universal e o fato da maioria dos veteranos de Sila estarem ávidos de guerras civis, Catilina formulou o projeto de destruir a constituição. Nenhum exército na Itália, o cônsul Pompeu engajado numa guerra nos confins do mundo, boas possibilidades para ele próprio vir a ser eleito cônsul, um Senado sonolento, segurança e tranquilidade por todos os lados – justamente o que era necessário para um Catilina.

SALÚSTIO, Sobre a Conjuração de Catilina, XV-XVI

88. *Calígula*

CALÍGULA TINHA A CINTURA ALTA, TEZ PÁLIDA, CORPO desproporcional, pernas e pescoço extremamente finos, olhos e têmporas afundados, testa larga e atormentada, cabelos raros e totalmente inexistentes no alto da cabeça e o resto do corpo peludo. Além disso, quando ele passava, era um crime capital olhá-lo de cima ou pronunciar, por qualquer razão a palavra "cabra". Seu rosto era evidentemente horroroso e repugnante; no entanto, ele ainda se empenhava no sentido de torná-lo mais selvagem, dando-lhe, com o auxílio do espelho, todos os traços capazes de inspirar terror e medo. Ele não tinha saúde de corpo nem de alma. Atacado de epilepsia desde a infância, que a adolescência fortaleceu, embora em pequena escala, às vezes um súbito desfalecimento quase o impedia de andar e de se manter em pé; tinha então dificuldade para se recompor e se levantar. Quanto à sua fraqueza mental, tinha consciência dela e diversas vezes pensou em se retirar para tratá-la. Acredita-se que enlouqueceu por ter tomado um filtro de amor dado por sua mulher Cesônia. Sofria muito de insônia, não dormindo mais de três horas por noite e ainda assim, com um sono agitado, povoado de visões estranhas; uma vez pensou estar conversando com o fantasma do mar. Além disso, durante grande parte da noite, cansado de velar estendido, sentava-se no leito, ou errava ao longo de imensos pórticos, não cessando de chamar e de esperar pela luz do dia.

SUETÔNIO, Vida de Gaio, 50

A Propriedade

89. *A propriedade divina da terra*

D ISSE O SENHOR A MOISÉS NO MONTE SINAI:
Dize aos filhos de Israel: Quando entrardes na terra,
que vos dou, então a terra guardará um sábado para
o Senhor.

Seis anos semearás o teu campo, e seis anos podarás a tua vinha, e colherás os seus frutos.

Porém no sétimo ano haverá sábado de descanso solene para a terra, um sábado ao Senhor; não semearás o teu campo nem podarás a tua vinha.

O que nascer por si só na tua seara, não segarás e as uvas da tua vinha não podada não colherás; será ano de descanso solene para a terra.

Mas te alimentarás com os frutos da terra em descanso, assim como ao teu servo, e à tua serva, e ao teu jornaleiro, e ao estrangeiro que peregrina contigo;

e ao teu gado, e aos animais que estão na tua terra, todo o seu produto será mantimento.

Contarás sete semanas de anos, sete vezes sete anos: de maneira que os dias das sete semanas de anos te serão quarenta e nove anos.

Então no mês sétimo, aos dez do mês, farás passar a trombeta vibrante: no dia da expiação farás passar a trombeta por toda a vossa terra.

Santificareis o ano quinquagésimo, e proclamareis liberdade na terra a todos os seus moradores: será ano de jubi-

140   A PROPRIEDADE

leu e retornareis cada um à sua possessão e cada um à sua família.

O ano quinquagésimo será jubileu; não semeareis nem segareis o que nele nascer por si só, nem nele colhereis as uvas das vinhas não podadas.

Porque é jubileu, será santo para vós outros: comereis o produto do campo.

Neste ano do jubileu tornareis cada um à sua possessão.

Quando venderes alguma cousa ao teu próximo, ou a comprares da mão do teu próximo, não oprimas a teu irmão.

Segundo o número dos anos desde o jubileu, comprarás de teu próximo; e segundo o número dos anos das messes, ele venderá a ti.

Sendo muitos os anos, aumentarás o preço, e sendo poucos, abaixarás o preço; porque ele te vende o número das messes.

Não oprimas ao vosso próximo: cada um, porém, tema a seu Deus; porque eu sou o Senhor vosso Deus.

Observai os meus estatutos, guardai os meus juízos, e os cumpri: assim habitareis seguros na terra.

A terra dará o seu fruto, e comereis a fartar, e nela habitareis seguros.

Se disserdes: Que comeremos no ano sétimo, visto que não havemos de semear nem colher a nossa messe?

Então eu vos darei a minha bênção no sexto ano, para que dê fruto por três anos.

No oitavo ano semeareis e comereis da colheita anterior até ao ano nono: até que venha a sua messe, comereis da antiga.

Também a terra não se venderá em perpetuidade, porque a terra é minha; pois vós sois para mim estrangeiros e peregrinos.

Portanto, em toda a terra da vossa possessão dareis resgate à terra.

Se teu irmão empobrecer e vender alguma parte das suas possessões, então virá o seu resgatador, seu parente, e resgatará o que seu irmão vendeu.

Se alguém não tiver resgatador, porém vier a tornar-se próspero e achar o bastante com que a remir,

A PROPRIEDADE   141

então contará os anos desde a sua venda, e restituirá ao homem a quem vendeu, e tornará à sua possessão.

Mas, se as suas posses não lhe permitirem reavê-la, então a que for vendida ficará na mão do comprador até o ano do jubileu: porém no ano do jubileu sairá do poder deste e aquele tornará à sua possessão.

Quando alguém vender uma casa de moradia em cidade murada, poderá resgatá-la dentro de um ano a contar de sua venda; durante um ano será lícito o seu resgate.

Se, passando um ano, não for resgatada, então a casa, que estiver na cidade que tem muro, ficará em perpetuidade com o que a comprou, pelas suas gerações: não sairá do poder dele no jubileu.

Mas casas das aldeias que não têm muro ao redor serão estimadas como os campos da terra: para elas haverá resgate, e sairão do poder do comprador no jubileu.

Mas, com respeito às cidades dos levitas, às casas das cidades da sua possessão, os levitas terão direito perpétuo de resgate.

Se o levita não resgatar a casa que vendeu, então a casa comprada na cidade da sua possessão sairá do poder do comprador no jubileu; porque as casas das cidades dos levitas são a sua possessão no meio dos filhos de Israel.

Mas o campo no arrabalde das suas cidades não se venderá, porque lhes é possessão perpétua.

LEVÍTICO 25, 1-34

90. *A propriedade privada da terra*

SE UM HOMEM ARRENDOU UM CAMPO PARA O CULTIVO E SE ele não fez crescer o trigo neste campo,
ele será persuadido de que não realizou o trabalho no campo e dará ao proprietário do campo tanto trigo quanto seu vizinho.

Se ele não cultivou o campo e foi negligente, ele dará ao proprietário do campo tanto trigo quanto seu vizinho;

142 A PROPRIEDADE

e o campo, que ele negligenciou, ele o levará e passará a grade, antes de devolver a seu proprietário.

Se um homem arrendou um campo inculto por três anos a fim de cultivá-lo e se ele se deitou nas costas (foi negligente) e não o lavrou, no quarto ano cavoucará o campo com a enxada, com o enxadão e passará a grade; e ele o devolverá ao proprietário do campo e ele lhe dará 10 gur de trigo por 10 gan.

Se um homem tiver dado seu campo a um lavrador por uma renda e recebeu esta renda de seu campo,

(Se) em seguida, o deus Adad inundou o campo e levou a colheita, os danos são para o lavrador.

Se ele não recebeu a renda de seu campo e se ele estiver pela metade ou terço da colheita,

o lavrador o senhor do campo partilharão proporcionalmente o trigo que houver no campo.

Se o lavrador, em virtude de, no ano precedente, não ter se desincumbido de seus encargos, houver indicado um outro para cultivar seu campo, o senhor do campo não recusará seu lavrador, este cultivará seu campo e, da colheita ele tomará o trigo correspondente às convenções.

Código de HAMURÁBI, § 42-47

91. *Atentados contra a propriedade, entre os hebreus*

S E ALGUÉM FURTAR BOI OU OVELHA, E O ABATER OU VENDER, pagará cinco bois por um boi, e quatro ovelhas por uma ovelha.

Se se pegar um ladrão arrombando uma casa, e, ele, sendo ferido, morrer, quem o feriu não será culpado.

Se, porém, já havia sol quando isso acontecer, quem o feriu será culpado; neste caso o ladrão devolverá tudo. Se não tiver com que pagar, será vendido por seu furto.

Se aquilo que roubou for achado vivo em seu poder, seja boi, jumento ou ovelha, pagará o dobro.

Se alguém fizer pastar o seu animal num campo ou numa vinha, e o largar para comer no campo de outrem, pagará com o melhor do seu próprio campo e o melhor da sua própria vinha.

A PROPRIEDADE   143

Se irromper o fogo, e pegar nos espinheiros e destruir as
medas de cereais, ou a messe, ou o campo, aquele que acendeu o fogo pagará totalmente o queimado.

Se alguém der para seu próximo guardar dinheiro ou objetos e isso for furtado, caso seja achado o ladrão, este pagará
o dobro.

Se o ladrão não for achado, então o dono da casa será levado perante os juízes, a ver se não se apossou dos bens do
próximo.

Em todo negócio fraudulento, seja a respeito de boi, ou de
jumento, ou de ovelha, ou de roupas ou qualquer cousa perdida, de que uma das partes diz: Esta é a cousa, a causa de
ambas as partes será submetida aos juízes; aquele que for condenado pelos juízes, pagará o dobro ao seu próximo.

Se alguém der para o seu próximo a guardar jumento, boi,
ou ovelha, ou outro animal qualquer, e este morrer, ou ficar
aleijado, ou for afugentado, sem que ninguém o veja,

então haverá juramento do Senhor entre ambos, de que
um não se apoderou dos bens do seu próximo; o dono aceitará
o juramento, e o outro não fará restituição.

Porém se de fato lhe for furtado, pagá-lo-á ao seu dono.

Se for dilacerado, trá-lo-á em testemunho disso, e não pagará o dilacerado.

Se alguém pedir emprestado a seu próximo um animal, e
este ficar aleijado ou morrer, estando ausente o dono, pagá-lo-á.

Se o dono esteve presente, não o pagará; se foi alugado, o
preço do aluguel será o pagamento.

ÊXODO 22, 1-15

92. *Atentados contra a propriedade na legislação de Hamurábi*

SE UM HOMEM ROUBOU O TESOURO DO DEUS OU DO PALÁCIO, *Este homem será morto, e aquele que recebeu o objeto roubado pela sua mão (o receptador) será morto.*
Se um homem roubou seja um boi, carneiro, asno, porco ou uma barca,

144

A PROPRIEDADE

se (for propriedade) de um deus, de um palácio, ele dará até trinta vezes,

se (for) de um muskenum ele devolverá até 10 vezes,

se o ladrão não tiver como pagar, ele será morto.

Se um homem deixou escapar um boi ou um asno que lhe haviam confiado,

Ele devolverá a seu proprietário boi por boi, asno por asno.

Se o pastor, a quem foi entregue gado de pequeno ou grande porte para fazer pastar, tiver recebido todo seu salário, e estiver com o coração alegre,

Se com ele diminuir o gado de grande porte, o gado de pequeno porte, diminuir a reprodução, conforme a boca (texto) de suas convenções, ele entregará a reprodução e a renda.

Se o pastor a quem foi entregue gado de grande ou pequeno porte se tornou infiel e mudou a marca e deu-a por dinheiro,

ele será persuadido, e ele dará ao proprietário até 10 vezes o que roubou do rebanho.

Código de HAMURÁBI, § 6, 8, 263/5

Historiografia

93. *Tucídides explica sua abordagem*

T UCÍDIDES DE ATENAS, HISTÓRIA DA GUERRA DE PELOPONESO. O Autor se pôs a trabalhar desde os primeiros sintomas da guerra. Esperava ele que ela tomasse grandes proporções e uma importância superior à dos conflitos precedentes: bastava observar que os dois adversários dispunham para esta guerra do máximo de seus potenciais e ver que o resto do mundo grego se alinhava de um ou de outro lado, seja de imediato, seja em intenção. Tratava-se, de fato, da maior crise que atingiu os gregos e uma parte dos bárbaros, atingindo praticamente a maior parte do gênero humano. No período anterior e em épocas mais antigas ainda, não se tratava, evidentemente, de se chegar a um conhecimento perfeito, dado o recuo no tempo. No entanto, pude juntar no decurso de extensas pesquisas, observações que me fizeram acreditar numa coisa: sustento que *nada* tinha então grandes proporções, nem a guerra nem o resto... Observações como estas objetivam evitar que incorra em erro todo aquele que pudesse ser induzido pelo gênero de relato que acabo de fazer. *Acreditar-se-á menos voluntariamente nos poetas cujos cantos magnificam o passado embelezando-o, nos logógrafos cujas composições visam a concordância do ouvinte, mais do que a verdade: trata-se de fatos incontroláveis cuja antiguidade os condena frequentemente ao papel de mitos aos quais não se pode dar fé.* Se, então, o conhecimento se baseia sobre os indícios mais

146 HISTORIOGRAFIA

evidentes, ele será considerado como satisfatório para a Antiguidade. Para voltar então a esta guerra, malgrado a propensão dos homens a julgar sempre as guerras atuais como as mais importantes, compensando o futuro pela admiração do passado, um estudo objetivo fará, contudo, com que se constate que ela foi mais importante que as outras.

TUCÍDIDES I, 1 e ss

94. *Aristóteles: História e Poesia*

É CLARO, DEPOIS DO QUE FOI DITO, QUE A CARACTERÍSTICA DO poeta não é de relatar o passado real, mas antes o passado possível, levando em conta as possibilidades dos acontecimentos segundo as verossimilhanças e a necessidade dos encadeamentos. O historiador e o poeta, com efeito, não diferem pelo fato de um narrar em verso e o outro em prosa – poder-se-ia ter transcrito em versos a obra de Heródoto e ela não seria menos história em verso do que em prosa. A verdadeira distinção é a seguinte: um narra o que aconteceu, o outro aquilo que poderia ter acontecido.

Além disso, a poesia é mais filosófica e de um gênero mais nobre que a história, pois a poesia se eleva até o geral, enquanto que a história não é senão a ciência do particular. O geral, aquilo que este ou aquele tipo de homem faria ou diria segundo toda verossimilhança ou necessidade: é a isto que visa a poesia, embora dando nomes individuais aos personagens. O particular, é o que fez Alcibíades, ou aquilo que lhe aconteceu.

Inteiramente diversos são os relatos históricos habituais, nos quais, necessariamente, não se trata de mostrar uma unidade de ação, mas somente uma unidade de tempo, juntando todos os acontecimentos, os quais, num determinado tempo, interessaram um ou mais homens e que não mantêm entre si senão uma relação casual.

ARISTÓTELES, Poética, 1451 a 36; 1451b, II; 1459 a 21-24

95. *Políbio: o método histórico*

SE OS HISTORIADORES QUE NOS PRECEDERAM TIVESSEM DEIXADO de fazer o elogio da história, talvez fosse necessário querer orientar todos no sentido desta pesquisa e conservação do passado. Não há, com efeito, formação humana mais eficiente do que a da ciência histórica. De fato, é atitude frequente, quase geral, dizer-se, sem reservas, a todo momento, que não há escola mais autêntica, nem exercício melhor para as questões políticas que as lições de história. Nada nos ensina poder suportar dignamente as vicissitudes do acaso mais seguramente que a recordação das desgraças de outrem! Nesse sentido, seria perfeitamente inconveniente repetir o que já foi expresso, e bem, por muitos outros; no meu caso sobretudo, onde as novidades dos fatos que nos propomos relatar será mais do que suficiente para atrair e provocar todo mundo a ler minha obra, tanto jovens como velhos. Haverá homens tão medíocres e preguiçosos que não se sintam satisfeitos ao saber por que meios e por que tipo de regime o mundo quase que inteiro foi dominado, em menos de cinquenta anos, por uma única potência, os romanos? Isto nunca tinha ocorrido. Por outro lado, poderia existir homens tão loucamente curiosos a respeito de outra disciplina a ponto de não sacrificar tudo em prol desse gênero de informação histórica?

É próprio da história conhecer primeiramente a veracidade dos acontecimentos que efetivamente ocorreram e, em segundo lugar, descobrir a causa pela qual as palavras ou atos resultam, finalmente, em fracasso ou sucesso. *Com efeito, um simples relato pode ser correto sem ter nenhuma utilidade; acrescente-se-lhe em compensação, a exposição da causa, e a prática da historia torna-se fecunda. Buscando as analogias para aplicá-las a nossos problemas atuais, encontramos meios e indicações para prever o futuro:* o passado nos protege, bem como nos fornece um modelo, permitindo-nos realizar nossas empresas sempre mais confiantes.

POLÍBIO, I-1; XII, 25 b

96. *Políbio: a causalidade na História*

ALGUNS HISTORIADORES DE ANÍBAL, QUERENDO NOS EXPOR as causas pelas quais esta guerra eclodiu entre Roma e Cartago, indicam como causa primeira o cerco de Sagunto pelos cartagineses, e como segunda, a abertura, por parte destes, violando o tratado, do rio que os nativos chamam de Ebro. Por mim, diria antes que estas são as *primeiras manifestações*, e não estou, de maneira alguma, disposto a admitir que se trata de *causas* da guerra. Há que se ir muito mais longe. De outra maneira, dir-se-á que a passagem de Alexandre pela Ásia é a *causa* da guerra contra os persas, ou que o desembarque de Antíoco em Demétrias é a *causa* da guerra contra os romanos, o que não é verdadeiro nem verossímil. Quem poderia crer, com efeito, que são estas as causas dos enormes preparativos efetuados por Alexandre, e mesmo por Felipe antes de sua morte, tendo em vista a guerra contra os persas? E, igualmente para os etólias, o surgimento de Antíoco em relação à guerra contra os romanos. *Tais ideias são as de pessoas que não compreenderam a diferença e a distância que separam início (primeiras manifestações), causa e pretexto.* Estes dois últimos vêm antes; as *primeiras manifestações* só surgem depois. Quanto a mim, chamo de *início* de qualquer acontecimento às primeiras ações desenvolvidas a partir de um programa já estabelecido. Chamo de *causas* tudo o que precede e prepara as decisões e os planos, isto é, as ideias, sentimentos, e deduções concernentes a tudo que nos leve a decidir e elaborar projetos. Compreender-se-á tudo o que acabo de dizer através de exemplos. Quais foram as verdadeiras *causas* da guerra contra os persas? De onde ela surgiu? É fácil dar-se conta disso, à primeira vista. Em primeiro lugar, ocorreu a retirada dos gregos, com Xenofonte, das satrápias do interior: eles puderam atravessar toda a Ásia que lhes era hostil, sem que nenhum dos bárbaros ousasse fazer-lhes frente. Em segundo lugar, deu-se a passagem do rei de Esparta, Agesilau, pela Ásia: este não encontrou nenhuma resistência séria a suas empresas e, se não chegou a nada, foi pelo fato

HISTORIOGRAFIA 149

de ter sido obrigado a retornar em virtude das desordens que ocorriam na Grécia, nesse ínterim. Isto foi o que fez Filipe refletir, e perceber a fraqueza e falta de firmeza dos persas em relação ao valor militar que demonstrava com seus macedônios. Ele imaginava tanto a grandeza e a beleza do desenvolvimento futuro da guerra, como a simpatia unânime que teria conquistado junto aos gregos. Tomou imediatamente, como *pretexto*, a pressa que tinha em vingar as injustiças feitas aos gregos pelos persas. Tomou a decisão de guerrear, traçou os planos e começou a preparar tudo nesse sentido. É preciso considerar, por isso, nossas primeiras indicações como as causas da guerra, a segunda como pretexto, e a passagem de Alexandre pela Ásia como suas primeiras manifestações.

Quando à guerra de Antíoco contra os romanos, é evidente que é preciso atribuir a causa à cólera dos etólios. Estes pensavam que tinham sofrido, por parte dos romanos, inúmeras afrontas no fim da guerra da Macedônia, como relatei mais acima. Apelaram eles, pois, a Antíoco, e tomaram a resolução, cada vez mais firme, de tudo fazer e suportar sob o efeito da cólera que se apoderou deles nessas circunstâncias. É preciso considerar, como *pretexto*, a libertação dos gregos, que eles proclamavam por todas as partes, percorrendo as cidades com Antíoco, e como *início* da guerra, o desembarque de Antíoco em Demétrias. Insisti um pouco nestas distinções, não por espírito crítico em relação aos historiadores, mas para retificar a opinião daqueles que querem se instruir.

POLÍBIO, História, III, 6,1
7,4

97. *Plutarco: a maldade na História*

E IS AQUI MAIS UM ASPECTO DA MALDADE NA HISTÓRIA: entre duas ou mais versões de um mesmo acontecimento, escolher a pior. Os sofistas podem-se permitir, por vezes, de adotar a causa menos boa e de vesti-la com as

150 HISTORIOGRAFIA

seduções da retórica: é para seu treinamento ou para sua reputação. *No entanto, o historiador, se quiser ser honesto, escreve aquilo que sabe ser verdadeiro; quando as coisas não estão claras, escolhe como verdadeira a melhor versão, e não a pior.* Muitos inclusive silenciam sobre a pior. Nesse sentido, no que se refere a Temístocles, Éforo declara que este soube da traição de Pausanias e de suas negociações com os generais de Xerxes, mas "não se deixou convencer, assegura ele, e recusou entrar no seu jogo quando lhe foi proposto partilhar os benefícios esperados". Tucídides condenou tacitamente esta história não dizendo absolutamente nada sobre ela.

Se, por outro lado, há concordância sobre os fatos, mas incerteza sobre as causas ou intenções correspondentes, aquele que procura a pior é mal-intencionado e maldoso. É como os cômicos que representam Péricles desencadeando a guerra por causa de Aspásia ou Fídias, e não por uma vontade ambiciosa e beligerante de acabar com a arrogância dos habitantes do Peloponeso e de recusar qualquer concessão aos lacedemônios. Pode acontecer que se invente razões maldosas para belas ações que deveriam ter merecido glória e louvor: a calúnia acarreta então suposições indignas sobre as intenções secretas do responsável, mesmo quando é impossível tentar reinterpretar seus atos. É o caso dos historiadores, por exemplo, que atribuem o assassinato do tirano Alexandre de Féres por sua mulher Tebeia (359), não a sentimentos nobres e pelo horror ao mal, mas a alguma inveja ou paixão feminina! Ou ainda aqueles que dizem que o suicídio de Catão de Útica (46) se deveu ao medo ao castigo cruel que César lhe teria destinado! Francamente, não se poderia ir mais longe na inveja e maldade!

PLUTARCO, Sobre a Maldade de Heródoto, 5-6
II, 855 e ss.

HISTORIOGRAFIA 151

98. *Deodoro da Sicília: a utilidade da História*

E M TODAS AS CIRCUNSTÂNCIAS DA VIDA, DEVER-SE-IA ACREDITAR *que a história é a mais útil das disciplinas.* Aos jovens ela confere a prudência dos adultos. Em relação aos velhos, ela redobra e multiplica a experiência já adquirida. Ela torna simples particulares dignos de governar, e, em relação aos governantes, ela os inclina a façanhas admiráveis pela imortalidade advinda da glória! Graças aos elogios que estes merecerão depois de sua morte, ela predispõe mais os militares a correr os riscos pela Pátria! E desvia os criminosos da senda do mal pelo temor às ignomínias eternas!

DEODORO da SICÍLIA, I, 1, 4-5

99. *Estrabão: História e Geografia*

E STA OBRA ("A GEOGRAFIA") É ANTES DIRIGIDA AO GRANDE público para sua formação cívica e aproveitamento geral, do que um livro de história. E, falando de formação cívica, não nos referimos aos homens sem nenhuma instrução, mas aqueles que receberam o ensino geral, normal para os homens livres amantes da cultura. Seria, com efeito, impossível formular críticas, elogios ou mesmo simples juízos sobre aquilo que merece sobreviver entre todas as ações passadas, se não se tivesse tido nenhum interesse pela virtude, pela sabedoria, e tudo que a isso possa conduzir...

Tendo então, quanto a nós, elaborado os "Comentários" históricos dos quais ousamos esperar que possam servir para a educação moral e política, decidimos acrescentar a presente obra. Ela é da mesma natureza; ela é endereçada ao mesmo público, e visa sobretudo as pessoas de nível elevado. Seguimos aqui o mesmo método. Em história não se faz menção senão a homens ilustres e vidas extraordinárias, deixando de lado tudo o que é secundário. Aqui, igualmente,

152 HISTORIOGRAFIA

é preciso negligenciar o que é de interesse secundário para insistir nas principais celebridades, naquilo que é importante, de interesse histórico e geral. Ela se assemelha às estátuas colossais, onde não se deve procurar o pequeno detalhe, mas se empenhar no sentido de julgar se é bom o conjunto. O mesmo juízo pode ser aplicado aqui, pois se trata de uma obra colossal que descreve os grandes traços da geografia universal, sem preocupação dos detalhes que poderiam estimular o amante de curiosidades.

ESTRABÃO, Geografia, I, I 22-23 (490, I)

100. *Josefo: as razões do historiador*

Tenho observado que aqueles que tentam escrever *histórias são levados não por um mesmo objetivo, mas, pelos mais diferentes motivos.* Alguns, ansiosos para exibir sua competência literária e ganhar daí a fama almejada, lançam-se nesse departamento de letras; outros, para obsequiar as pessoas a quem o relato referiu-se, têm empreendido o necessário trabalho, embora muito além dos seus poderes; há aqueles que têm sido compelidos pela pura força dos acontecimentos nos quais eles mesmos tomaram parte, expondo os eventos numa narrativa compreensiva; enquanto vários outros têm sido persuadidos pela predominante ignorância acerca dos importantes assuntos de utilidade geral, publicando sua história para o proveito público. Dos motivos supramencionados, os dois últimos aplicam-se sobre mim mesmo. Pois, tendo conhecido, por experiência, a guerra que nós judeus movemos contra os romanos, os incidentes no seu procedimento e no seu desfecho, fui forçado a narrar tudo isso detalhadamente a fim de refutar aqueles, que nas suas obras, estavam violando a verdade.

Porém, falando de um modo geral, a principal lição a ser aprendida desta história, por qualquer pessoa que se preocupe em examiná-la minuciosamente, é que os homens que se adaptam à vontade de Deus e não se aventuram a transgredir as leis que têm sido excelentemente estabeleci-

HISTORIOGRAFIA   153

das, prosperam em todas as coisas além da fé e as recompensas desses são oferecidas pela graça de Deus; visto que na proporção em que eles se afastam da rigorosa observância destas leis, coisas praticáveis tornam-se impraticáveis e mesmo coisas bem imaginadas que eles se esforçam para realizar terminam em irreparáveis desastres. A princípio, então, eu solicito daquelas que lerão estes volumes que fixem seus pensamentos em Deus e que examinem se o nosso legislador tem tido uma concepção digna da Sua natureza e se tem sempre designado a Ele tais ações para que o Seu poder seja próprio, deixando as palavras relativas a Ele imaculadas desta indecente mitologia, comum entre outros; além disso, em se tratando de eras tão longas e remotas, ele teria tido ampla licença para inventar ficções. Pois, ele nasceu há 2.000 anos, época tão antiga que os poetas nunca se arriscaram a referir, nem mesmo no nascimento dos seus deuses, muito menos nas ações ou leis dos mortais. Portanto, os detalhes precisos dos registros da nossa Sagrada Escritura serão apresentados, cada qual no seu lugar, como os meus produtos narrativos, fiel ao procedimento que tenho prometido seguir por toda esta obra, nem adicionando, nem omitindo qualquer coisa.

FLÁVIO JOSEFO, Antiguidades Judaicas, I, 1 (1-4)
I, 3 (14-17)

GRÁFICA PAYM
Tel. [11] 4392-3344
paym@graficapaym.com.br